Dirk Gellert

AF145986

# Den Weg mit Gott gehen

## Unterwegs mit Gott

Der Autor

Dirk Gellert, Jahrgang 1969, verheiratet, zwei Kinder, hat im Fernstudium den Grund- und Aufbaukurs Theologie im Fernkurs der Katholischen Akademie Domschule Würzburg absolviert und befasst sich seit vielen Jahren mit theologischen Grundfragen, wie besonders mit der Theodizee und der Eschatologie. Am 24.03.2012 wurde er im Hohen Dom zu Paderborn zum Ständigen Diakon geweiht und ist seitdem neben seinem Hauptberuf als kfm. Angestellter in der Gemeindeseelsorge als Diakon tätig.

Dirk Gellert

# Den Weg mit Gott gehen

Unterwegs mit Gott

Imprimatur
Nr. A 58-21.00.2/939
Paderbornae, d. 18. m. Maii 2015
Vicarius Generalis Alfons Hardt

Bibliografische Information der Deutschen Nationalbibliothek.
Die Deutsche Nationalbibliothek verzeichnet diese Publikation
in der Deutschen Nationalbibliografie, detaillierte bibliografische Daten sind im Internet über <http//dnb.dnb.de> abrufbar.

Herstellung und Verlag
BoD – Books on Demand, Norderstedt

ISBN  978–3–7386–3754–0

# Inhalt

Meinen Kindern Benedikt und Dominik und meinem Patenkind Henrik gewidmet.


In dankbarer Erinnerung an + Prälat Dr. Heribert Schmitz, der mir bei der Klärung verschiedener Detailfragen behilflich war.

# Vorwort

Das vorliegende Schriftwerk soll die Nähe Gottes auf unserem Lebensweg verdeutlichen und dabei wesentliche Inhalte des christlichen und katholischen Glaubens vermitteln. Denn nichts auf unserem Weg durch das Leben ist hilfreicher als ein fester Glaube, der durch die Höhen und Tiefen des menschlichen Daseins begleitet und trägt und der letztendlich die Zuversicht auf das ewige Leben begründet.

Die Freude und Hoffnung wiederum, die aus diesem Glauben erwächst, gibt dem Menschen eine Gelassenheit und Kraft, in allen Lebenslagen bestehen zu können und nicht aus Angst und Ohnmacht vor dem Leid und Tod zu erstarren oder sich in die vielfältigen Formen der Verdrängung zu flüchten.

Christen wissen aufgrund ihres Glaubens, dass Gott in seiner Allmacht, Liebe und Güte immer da ist und der Mensch durch Jesus Christus erlöst ist – befreit von Sünde und Tod.

So haben wir allen Grund, furchtlos unseren Weg mit Gott zu gehen, ihm zu danken und die Ehre zu erweisen – Gloria in excelsis Deo.

Willebadessen, am Fest des hl. Benedikt von Nursia, 11. Juli A.D. 2015

Diakon
Dirk Gellert

## Soli Deo Gloria – Gott allein die Ehre

# Den Weg mit Gott gehen

Wenn wir unseren Weg ganz bewusst mit Gott gehen wollen, bieten sich hierzu vielfältige Möglichkeiten an, denn Gott ist auf vielerlei Weise gegenwärtig und erfahrbar. Schließlich sind wir auf unserem Lebensweg auch auf dem Weg zu Gott, zu unserer endgültigen Bestimmung und Heimat – zum ewigen Leben.

Auf die Frage, wie viele Wege es zu Gott gäbe, antwortete einmal der ehrwürdige Kardinal Joseph Ratzinger, der spätere Papst Benedikt XVI.: So viele, wie es Menschen gibt.[1]

So geht jeder Mensch seinen persönlichen Weg zu Gott, aber auch seinen individuellen Weg durch das irdische Leben, wobei er von Gott begleitet wird.

Damit aus diesen Wegen Kraft, Zuversicht und Freude geschöpft werden kann, ist es notwendig, sich der Nähe und des Heilswillens Gottes bewusst zu werden. Hilfsmittel hierzu, die nachfolgend aus allgemein christlicher und katholischer Sicht erläutert werden, sind besonders das Gebet, das Lesen und die Betrachtung der Bibel, der Gottesdienst und der Empfang der Sakramente.

Mit Gott unterwegs zu sein bedeutet, sich von ihm geliebt und angenommen zu wissen, sich als sein Kind und mit ihm verbunden zu fühlen, an ihn mit Freude zu denken, mit ihm durch das Gebet in ständigem Kontakt zu stehen und auf seine, über den Tod hinausgehende Fürsorge zu vertrauen. Es bedeutet aber auch, das Leben im Sinne Christi zu gestalten und sich um den Willen Gottes und somit um das Gute zu bemühen.

Auch wenn Leid, Sorge, Unrecht, Not und Elend zuweilen den

---

[1] Vgl. Joseph Ratzinger: Salz der Erde, Christentum und kath. Kirche, Ein Gespräch mit Peter Seewald, München 1996, S. 35

Blick auf Gott vernebeln können und seine Gegenwart nicht in der Weise erfahrbar ist, wie wir uns das wünschen, so ist er uns doch nahe und begleitet uns auf unseren Wegen mit seiner unendlichen, väterlichen Liebe.

# Gott ist da – Ich glaube an Gott

Von Anbeginn der Menschheitsgeschichte haben die Menschen gespürt, dass eine höhere Macht über ihnen steht, dass Gott da ist, und sie erkannten ihn beispielsweise als den Schöpfer der Welt und des Lebens.

Auf vielfältige Weise hat Gott sich den Menschen offenbart und kundgetan, besonders seinem auserwählten Volk, den Israeliten, die auch als Juden bezeichnet werden, so dass der Glaube an den einen Gott, der so genannte Monotheismus, als Wahrheit erkannt und weitergegeben wurde. Im Alten Testament der Bibel ist über diese göttliche Offenbarung zu lesen, wobei sich Gott mehreren oder einzelnen Personen in Erfahrung brachte.

Besonders deutlich und unüberbietbar offenbarte sich Gott in der Sendung seines Sohnes Jesus Christus (Jesus = hebr. Gott rettet; Christus = gr. Gesalbter, hebr. Messias), der für uns und um unseres Heiles willen menschliche Gestalt annahm. Die Lehre Jesu Christi, dessen Anhänger als Christen bezeichnet werden (vgl. Apg 11,26), sein Wirken sowie sein Leiden und Tod am Kreuz, den er stellvertretend zur Vergebung der Sünden auf sich nahm, vor allem aber auch seine Auferstehung von den Toten, beweisen seinen göttlichen Charakter und Ursprung und ebenso Gottes unermessliche Liebe zu den Menschen. Denn es gibt keine größere Liebe, als wenn einer sein Leben für seine Freunde hingibt (vgl. Joh 15,13).

Nachdem Christus, auferstanden von den Toten, seinen Jüngern, aber auch vielen anderen Zeugen erschienen ist, waren diese bereit, den Glauben an ihn und seine Lehre, die frohe Botschaft, in die Welt hinauszutragen und zu verbreiten. Jesus selbst sandte seine Jünger mit dem Auftrag aus, zu allen Völkern zu gehen und alle Menschen zu seinen Jüngern zu machen (vgl. Mt 28,19).

Von Generation zu Generation wird nun dieser Glaube überliefert, ausgehend von den Jüngern Jesu, den Aposteln, die den christlichen Glauben mündlich und schriftlich weitergaben.

So steht uns als Glaubensgut (Depositum Fidei) mit der Heiligen Schrift bzw. dem Neuen Testament der Bibel das schriftliche Zeugnis und als weitere Glaubensquelle die mündliche Überlieferung bzw. heilige Überlieferung oder Tradition zur Verfügung. Aber auch die abendländische (christliche) Zeitrechnung sowie jeder Priester, Bischof oder der Papst – kurzum jeder Christ – weist auf Christus und damit auf Gott hin.

Der Glaube beinhaltet somit nichts Ungewisses, sondern er gründet auf die wahrhaftige Glaubwürdigkeit seiner Zeugen, die für ihren Glauben auch Verfolgung, Folter und den Tod auf sich genommen haben.

Die Offenbarung Gottes lässt aber nicht nur ihn selbst, sondern auch seine Eigenschaften erkennen, wie seine Allmächtigkeit, Güte, Barmherzigkeit und unvergleichliche Liebe. Im Hinblick hierauf fragt man sich natürlich, wie Gott das ganze Leid in der Welt zulassen kann, was mit dem Begriff „Theodizee" bezeichnet wird. Die Antwort findet sich besonders im gewaltsamen Kreuzestod Jesu Christi, der ebenso wie die Tatsache, dass Gott als Mensch selbst Leid erfahren musste, auch andeutet, dass das Leid wohl als Begleiterscheinung zu diesem Leben gehört, was aber nicht ausschließt, es nach Kräften zu bekämpfen.

Gott ist für uns da, er wendet sich uns liebevoll zu und lässt uns sogar die Freiheit, diese Zuwendung zu erwidern oder nicht. Er kennt jeden Menschen mit seinen Stärken, Fehlern und Schwächen, ja sogar die Haare auf unserem Kopf sind gezählt (vgl. Lk 12,7). Er will, dass alle Menschen zum Heil geführt und gerettet werden (vgl. 1Tim 2,4). – Seine Liebe kennt eben keine Grenzen.

Wir wissen von Gott durch den uns überlieferten Glauben, woraus eine Wissenschaft, die so genannte Theologie (gr. Lehre von Gott) entstanden ist. Das Bekenntnis: „Ich glaube an Gott" hat also gute Gründe, denn Gott ist wirklich und wahrhaftig für uns da und er lässt sich trotz seiner unbegreiflichen Größe auch von dem Suchenden finden.

# Das Gebet

Beten bedeutet, zu Gott sprechen, sich an ihn wenden, mit ihm in Verbindung treten, zu ihm Kontakt aufnehmen und sich ihm gedanklich sowie mit Worten vernehmlich anzuvertrauen. Das Gebet ist auch Antwort auf den an jeden Menschen gerichteten, unermüdlichen Anruf Gottes.

Gebete können mit eigenen Worten selbst formuliert sein oder sie sind geformt mit festgeprägten Sätzen, wobei sich der Betende dem Inhalt des vorgefassten Gebetes anschließt.

Gebete können allein, persönlich und vertraulich oder aber in der Gemeinschaft vor Gott getragen werden.

Gott ist zu jeder Zeit und an jedem Ort erreichbar. Beten ist also immer und überall möglich, wobei es für das Gebet durchaus hilfreich und mit mehr Konzentration und Aufmerksamkeit verbunden sein kann, wenn sich der Betende einem christlichen Symbol wie z.B. dem Kreuz zuwendet, die Rosenkranzkette zur Hand nimmt, seine Hände faltet oder eine Gebetsstätte (z.B. Kirche oder Kapelle) aufsucht. Als Zeichen der Ehrerbietung ist es auch möglich und angebracht zumindest einen Teil des Gebetes kniend zu verbringen.

Gebete lassen sich in verschiedene Arten und Kategorien einteilen:

Im Dankgebet wird Gott beispielsweise für das Leben, die Liebe, die Schöpfung und für das zukünftige ewige Leben usw. gedankt.

Das Bittgebet beinhaltet verschiedene Bitten, die vor Gott getragen werden, wie z.B. die Bitte um Vergebung von Sündenschuld, die Bitte um Kraft, Gesundheit usw.

Aber nicht alle Bitten werden in dem Sinne erhört und erfüllt, wie es sich der Bittende und Betende erhofft, wodurch nicht selten Enttäuschung und Resignation entstehen. Hier liegt dann ein falsches Verständnis vom Bittgebet vor. Grundsätzlich kann der Mensch nahezu alles von Gott erbitten, nur wie, wann und in welcher Weise Gott reagiert und die Bitte erfüllt, vollzieht sich meist im Verborgenen. Oft erschließen sich während des Bittgebetes auch Lösungen, wodurch der Gegenstand der Bitte seine Erfüllung findet. Oder die vorgetragene Bitte wird nach einiger Zeit durch geänderte Umstände gegenstandslos. Dem Menschen ist der Verstand gegeben, dessen er sich im Vertrauen darauf bedienen soll, dass Gott durch den Heiligen Geist behilflich ist und das Bittgebet somit keinesfalls wirkungslos ist.

Das Lobgebet wird aus Liebe zu Gott, zu seiner Verehrung und einfach weil er da ist, gebetet.

Gebete haben oft eine eigene, zum Teil sehr alte Sprache, die manchmal zum besseren Verständnis der Deutung bedarf. Deshalb werden die hier zitierten Gebete jeweils zu Beginn oder im Anschluss kurz erläutert.
Bei aller Vielfalt der Gebete gibt es auch solche, die jeder Christ bzw. Katholik auswendig beherrschen, kennen und auch verstehen sollte – die so genannten Grundgebete:

**Das Kreuzzeichen**
Mit der Kreuzzeichenformel, dem Kreuzzeichen, wobei sich der Betende bekreuzigt, beginnt und endet jedes Gebet:

*„Im Namen des Vaters und des Sohnes und des Heiligen Geistes. Amen."*

Erläuterung:
Die Kreuzzeichenformel, die auch eine Kurzformel des Glaubens ist, bezieht sich auf die Trinität, den dreieinigen bzw. dreifaltigen Gott, der <u>eine</u> Wesenheit in drei Personen ist: Vater, Sohn und Heiliger Geist.

Gott ist als der Vater der Schöpfer und Ursprung von allem und er ist der Vater seines eingeborenen (einzigen) Sohnes Jesus Christus, der schon vor seiner Menschwerdung als Gott bei Gott war (Präexistenz). Die Bezeichnung „Vater" soll dabei u.a. das Wesen Gottes, also seine väterliche Liebe, Fürsorge, aber auch Autorität beschreiben. In seinem Sohn Jesus Christus offenbarte und zeigte sich Gott sichtbar den Menschen. Der Titel „Sohn Gottes" soll hierbei besonders die göttliche Herkunft Jesu verdeutlichen, der wahrer Mensch und wahrer Gott ist. In der Person Jesu Christi sind die beiden Naturen, die göttliche und die menschliche Natur geeint (Hypostase). Der Heilige Geist[2] ist die dritte göttliche Person der Dreifaltigkeit und der Geist Gottes, welcher u.a. dergestalt wirkt, dass seine alles durchdringende Kraft dem Menschen Erkenntnis, Weisheit und außerordentliche Fähigkeiten verleiht. Der Heilige Geist geht aus dem Vater und dem Sohn (Filioque) hervor.

Das obligatorische **„Amen"** (hebr.: so sei es!) am Ende eines jeden Gebetes ist nichts anderes als eine Bestätigung der vorher gesprochenen Worte.

Ebenso wie die Kreuzzeichenformel bezieht sich das **„Ehre sei dem Vater"** auf die Trinität Gottes:

*„Ehre sei dem Vater und dem Sohn und dem Heiligen Geist, wie im Anfang, so auch jetzt und alle Zeit und in Ewigkeit. Amen."*

Der Schwerpunkt hierbei liegt in dem Anliegen, Gott die ihm ewig gebührende Ehre zu erweisen.

### Das Vaterunser
Das Vaterunser (lat. pater noster) oder auch Herrengebet geht auf Jesus selbst zurück, der seine Jünger dieses Gebet auf

---

[2] Als Tröster und Beistand wird der Heilige Geist auch Paraklet genannt.

deren Bitte hin, „Herr lehre uns beten" (vgl. Lk 11,1) lehrte. Das Vaterunser (vgl. Mt 6,9-13) wird wie folgt gebetet:

*„Vater unser im Himmel,*
*Geheiligt werde dein Name.*
*Dein Reich komme.*
*Dein Wille geschehe, wie im Himmel so auf Erden.*
*Unser tägliches Brot gib uns heute.*
*Und vergib uns unsere Schuld,*
*wie auch wir vergeben unsern Schuldigern.*
*Und führe uns nicht in Versuchung,*
*sondern erlöse uns von dem Bösen."*

Es kann hinzugefügt werden:
*„Denn dein ist das Reich und die Kraft und die Herrlichkeit in Ewigkeit. Amen."*

Erläuterung:
„VATER UNSER IM HIMMEL" Mit diesem Gebet dürfen wir uns wie ein Kind vertrauensvoll an unseren Vater im Himmel wenden. Als Himmel ist hier die überirdische Existenzweise Gottes zu verstehen. Der Himmel bezeichnet aber auch die Gegenwart Gottes im Herzen eines gerechten, um den Willen Gottes bemühten Menschen. Nach der Anrede folgen die 7 Bitten:

„GEHEILIGT WERDE DEIN NAME" ist die Bitte, dass wir Gott heiligen, indem wir uns um ein untadeliges Leben bemühen.

„DEIN REICH KOMME" ist die Bitte um das endgültige Kommen  des Reiches Gottes, aber auch um die Verbreitung des Gottesreiches schon auf Erden. Das Reich Gottes ist gleichbedeutend mit der Herrschaft Gottes und diese ist die Herrschaft der Liebe.

„DEIN WILLE GESCHEHE, WIE IM HIMMEL SO AUF ERDEN" hat die Bedeutung, dass der Wille Gottes, so wie er im Himmel schon verwirklicht ist, auch auf der Erde verwirklicht wird. Es ist der Wille Gottes, dass alle Menschen gerettet werden (vgl. 1Tim 2,4) und dass sie einander lieben (vgl. Joh 13,34).

„UNSER TÄGLICHES BROT GIB UNS HEUTE" ist die Bitte um die lebensnotwendige Nahrung für uns selbst und für die hungernden Menschen, wobei gerade der Christ in die Pflicht genommen ist, zu teilen, damit der Überfluss der einen, den Nöten der anderen abhelfe (vgl. 2 Kor 8,1-15).

„UND VERGIB UNS UNSERE SCHULD, WIE AUCH WIR VERGEBEN UNSERN SCHULDIGERN" Diese Bitte um Vergebung schließt die eigene Vergebungsbereitschaft ein. (Seid barmherzig, wie es auch euer Vater ist! Lk 6,36)

„UND FÜHRE UNS NICHT IN VERSUCHUNG" Hiermit bitten wir Gott um die Kraft, der Versuchung bzw. der Sünde zu widerstehen.

„SONDERN ERLÖSE UNS VON DEM BÖSEN" Wir bitten darum, von allem Bösen befreit zu werden und bitten damit auch um Frieden.

„DENN DEIN IST DAS REICH UND DIE KRAFT UND DIE HERRLICHKEIT IN EWIGKEIT. AMEN" Dieser Lobpreis Gottes (Doxologie) zum Schluss dient dem Lob und der Verehrung Gottes, dessen Reich, Kraft und Herrlichkeit (unaussprechliche Größe und Pracht) in Ewigkeit bzw. unendlich besteht.

**Das Glaubensbekenntnis**
Das Glaubensbekenntnis (lat. Credo) fasst die zentralen Glaubenswahrheiten kurz und einprägsam zusammen. Zu den wichtigsten Bekenntnissen des Glaubens gehört das

Apostolische Glaubensbekenntnis (Apostolikum). Es ist ein Bekenntnis zum dreieinigen Gott, das auf seine apostolische Überlieferung bzw. den Glauben der Apostel zurückzuführen ist:

*„Ich glaube an Gott, den Vater, den Allmächtigen, den Schöpfer des Himmels und der Erde, und an Jesus Christus, seinen eingeborenen Sohn, unsern Herrn, empfangen durch den Heiligen Geist, geboren von der Jungfrau Maria, gelitten unter Pontius Pilatus, gekreuzigt, gestorben und begraben, hinabgestiegen in das Reich des Todes, am dritten Tage auferstanden von den Toten, aufgefahren in den Himmel; er sitzt zur Rechten Gottes, des allmächtigen Vaters; von dort wird er kommen, zu richten die Lebenden und die Toten.*
*Ich glaube an den Heiligen Geist, die heilige katholische Kirche, Gemeinschaft der Heiligen, Vergebung der Sünden, Auferstehung der Toten und das ewige Leben. Amen.“*

Erläuterung:
„ICH GLAUBE AN GOTT, DEN VATER, DEN ALLMÄCHTIGEN, DEN SCHÖPFER DES HIMMELS UND DER ERDE“
In diesem Artikel wird der Glaube an Gott, den Vater, bekannt, der uns Menschen wie ein Vater liebt, dem nichts unmöglich ist und der alles, was ist, geschaffen hat.

„UND AN JESUS CHRISTUS, SEINEN EINGEBORENEN SOHN, UNSERN HERRN“
In Jesus Christus wurde der Sohn Gottes als Mensch geboren. Der Titel „Herr“, der auch für den Namen Gottes verwendet wird, soll die Gottheit Jesu bzw. seine göttliche Vollmacht verdeutlichen.

„EMPFANGEN DURCH DEN HEILIGEN GEIST, GEBOREN VON DER JUNGFRAU MARIA“
Die Kraft des Heiligen Geistes bewirkte, dass der Sohn Gottes als wahrer Mensch im Leib der Jungfrau Maria heranwuchs und dann von ihr geboren wurde. Die Bezeichnung „Jungfrau“

verdeutlicht hierbei die göttliche bzw. gottgewirkte Herkunft Jesu, dessen Mutter Maria ist und die deswegen auch als Gottesmutter bezeichnet wird. Jungfrau ist aber auch ein Ehrentitel, der u.a. auf die vollkommene Sündenlosigkeit Mariens hinweist und der ihre bedingungslose Bereitschaft auszeichnet, die Mutter Gottes zu werden.

## „GELITTEN UNTER PONTIUS PILATUS, GEKREUZIGT, GESTORBEN UND BEGRABEN"

Der römische Prokurator (Landpfleger) von Judäa und Samaria, Pontius Pilatus, verurteilte Jesus, ließ ihn geißeln und kreuzigen. Nach dem Tod Christi am Kreuz legte man seinen Leichnam in ein Felsengrab.

## „HINABGESTIEGEN IN DAS REICH DES TODES, AM DRITTEN TAGE AUFERSTANDEN VON DEN TOTEN"

Jesus Christus ist wirklich gestorben und hat so auch den Toten das Heil Gottes gebracht, den endgültigen Sieg über Sünde und Tod.

Dass Christus von den Toten auferstanden ist, bedeutet, dass sein irdischer Leib in einen unvergänglichen überirdischen Leib verwandelt und somit aus den Fängen des Todes und der Verwesung[3] befreit wurde. Durch diesen „Auferstehungsleib" ist er nicht mehr an Raum und Zeit gebunden und ist damit von der Begrenztheit des irdischen Lebens in die Unbegrenztheit des ewigen Lebens übergegangen.

Nach seiner Auferstehung erschien bzw. zeigte sich Christus noch einige Male mehreren Menschen, die somit zu Zeugen der Auferstehung wurden.

---

[3] Als Zeichen seiner Gottheit wurde der Leib Jesu von der Verwesung verschont und in den überirdischen Auferstehungsleib verwandelt und mit einbezogen. Der Glaube an die Auferstehung Christi ist hierbei nicht unbedingt von diesen Umständen oder dem leeren Grab abhängig, sondern er gründet vor allem auf die Erscheinungen des Auferstandenen.

## „AUFGEFAHREN IN DEN HIMMEL; ER SITZT ZUR RECHTEN GOTTES, DES ALLMÄCHTIGEN VATERS"

Christus ist in den Himmel aufgefahren, was bedeutet, dass er ins Himmelreich bzw. Reich Gottes und in die Ewigkeit eingetreten ist. Dass Christus zur Rechten Gottes sitzt, hat hierbei die Bedeutung, dass er nun auch mit seiner menschlichen Natur (Jesus ist ja Gott und Mensch) an der Herrschaft und Herrlichkeit Gottes teilnimmt und mit einbezogen ist.

## „VON DORT WIRD ER KOMMEN, ZU RICHTEN DIE LEBENDEN UND DIE TOTEN"

Am Ende der Welt wird Christus wiederkommen, um die Lebenden und die Toten zu richten. Mit dem Tod des Menschen beginnt (am Ende der Zeit) bereits schon die Wiederkunft Christi (Parusie) und das damit zusammen-hängende Gericht, bei dem Jesus Richter und Maßstab ist.

## „ICH GLAUBE AN DEN HEILIGEN GEIST"

Der Geist Gottes oder „Heilige Geist" ist die unsichtbare Kraft Gottes, die in Menschen und in der Natur wirksam und sichtbar wird. Das Wirken des Geistes verleiht so beispiels-weise einem Menschen besondere Fähigkeiten oder Er-kenntnisse.

## „DIE HEILIGE KATHOLISCHE KIRCHE"

Die Kirche ist heilig (d.h. zum Göttlichen gehörig) weil Christus mit ihr vereint ist. Als katholische (d.h. all-umfassende, zu allen Menschen gesandte) Kirche wird die Gemeinschaft der Glaubenden bezeichnet, die das Volk Gottes bildet. In der Nachfolge des heiligen Petrus und der anderen Apostel wird die Kirche vom Papst als Oberhaupt und dem Bischofskollegium geleitet. Christus als Grund und Urheber der Kirche ist in ihr durch den Heiligen Geist gegenwärtig.

## „GEMEINSCHAFT DER HEILIGEN"

Die „Gemeinschaft der Heiligen" bezeichnet die Gemeinschaft

der Menschen, die bei Gott im Himmel sind. Dazu gehören die Heiligen, die sich in besonderer Weise um die Ehre und den Willen Gottes bemüht haben und infolgedessen von der Kirche heiliggesprochen wurden, aber auch alle anderen Verstorbenen, die durch diese kirchliche und göttliche Gemeinschaft Anteil an der Heiligkeit erhalten. Gemeinschaft der Heiligen bedeutet aber auch die Verbundenheit zwischen der irdischen und himmlischen Kirche, die zusammen eine Kirche bilden. Besonders durch die Liturgie (Gottesdienst) und die Eucharistie (Kommunion) wird die Verbindung zwischen der Kirche des Himmels und der Erde verdeutlicht.

„VERGEBUNG DER SÜNDEN"
Aufgrund der väterlichen und unendlichen Liebe Gottes den Menschen gegenüber darf der reuige Sünder an die Vergebung seiner Sünden glauben und darauf vertrauen. Jesus selbst hat sich den Sündern zugewandt und ihnen ihre Verfehlungen vergeben. Aus Liebe nahm er die Sünden der Menschen auf sich und gab sein Leben stellvertretend als Sühneopfer hin. Christus hat den Aposteln die Vollmacht zur Sünden-vergebung gegeben (vgl. Joh 20,22-23), womit auch seine Kirche durch die Bischöfe und Priester zur Vergebung der Sünden bevollmächtigt ist.

„AUFERSTEHUNG DER TOTEN"
Wie Christus auferstanden ist und ewig lebt, so werden auch die Toten auferstehen und in neuer, unvergänglicher Existenzweise am ewigen Leben teilhaben (vgl. Joh 6,39-40). Wenn auch der menschliche Leib der Vergänglichkeit preisgegeben ist, so wird doch der ganze Mensch, des Menschen unsterbliche Seele (d.h. die individuelle menschliche Person und Persönlichkeit mit eigener Lebensgeschichte) in Verbindung mit dem überirdischen, aus anderer Materialität bestehenden Leib zum ewigen Leben auferstehen (vgl. 1Kor 15,35-53).

## „UND DAS EWIGE LEBEN"

Am Ende der Zeit beginnt die Parusie (Wiederkunft Christi) und das damit zusammenhängende Gericht, bei dem Jesus Richter und Maßstab ist. Die Begegnung mit Gott führt zu Läuterung (Purgatorium, Fegefeuer), wobei der Mensch angesichts der unendlichen Liebe Gottes seine eigenen Fehler und Schwächen deutlich erkennt.

Das ewige Leben ist die unendliche, unbegrenzte Existenz in der Gemeinschaft mit Gott und allen Menschen, die bei ihm sind. Dieses Leben im Himmel ist bestimmt von vollkommenem Glück und Frieden, alles Leid ist endgültig überwunden und besiegt. Verschließt sich der Mensch aber gegenüber der Liebe Gottes und kehrt freiwillig von ihm ab (durch schwere Sünden, ohne diese zu bereuen), dann schließt er sich selbst aus der Gemeinschaft mit Gott aus, was dann in diesem Sinne auch als „Hölle" bezeichnet wird.

Am Ende der Zeiten wird auch das materielle Universum umgestaltet bzw. verwandelt werden, wodurch alles in die Ewigkeit einbezogen wird und das Reich Gottes zur Vollendung gelangt.


### Das Ave Maria

Das Gebet zur heiligen Mutter Gottes, das so genannte „Gegrüßet seist du, Maria" (lat. Ave Maria), ist ganz auf Christus bezogen und beinhaltet den Lobpreis Gottes, sein Handeln durch Maria und die Bitte um Fürsprache bei Gott:

*„Gegrüßet seist du, Maria, voll der Gnade, der Herr ist mit dir. Du bist gebenedeit unter den Frauen, und gebenedeit ist die Frucht deines Leibes, Jesus.*
*Heilige Maria, Mutter Gottes, bitte für uns Sünder jetzt und in der Stunde unseres Todes. Amen."*

Erläuterung:

„GEGRÜSSET SEIST DU, MARIA"

Mit dem Gruß an Maria, den zuerst der Engel Gabriel aussprach (vgl. Lk 1,28), wird das Gebet zur Gottesmutter, die auch unsere Mutter ist, eröffnet.

„VOLL DER GNADE, DER HERR IST MIT DIR"

Maria ist von der Gnade, d.h. vom Wohlwollen und der Zuwendung Gottes erfüllt. Gott selbst ist mit ihr und in ihr gegenwärtig durch ihren Sohn, in dem er menschliche Gestalt angenommen hat.

„DU BIST GEBENEDEIT UNTER DEN FRAUEN, UND GEBENEDEIT IST DIE FRUCHT DEINES LEIBES, JESUS"

Die Mutter des Herrn und ihr Sohn Jesus (die Frucht ihres Leibes) sind beide gleichermaßen gebenedeit, also gesegnet bzw. selig, gepriesen und gelobt.

„HEILIGE MARIA, MUTTER GOTTES, BITTE FÜR UNS SÜNDER JETZT UND IN DER STUNDE UNSERES TODES"

Obwohl wir Sünder sind, dürfen wir auf die Fürsprache der Gottesmutter vertrauen und ihr alles mitteilen, was unser Herz bewegt.

**Der Engel des Herrn**

Der „Engel des Herrn" (lat. Angelus Domini) ist das Gebet zur Erinnerung an die Menschwerdung Gottes in Jesus Christus bzw. die Menschwerdung (Inkarnation) des Sohnes Gottes. Mit dem Glockenzeichen, dem so genannten „Angelus-Läuten" morgens, mittags und abends, das vielerorts auch heute noch gebräuchlich ist, wird zum Angelus-Gebet, dem „Engel des Herrn" aufgerufen.

Wir können Gott gar nicht genug dafür danken, dass er aus Liebe Mensch geworden ist, gelitten hat, gestorben und auferstanden ist und sich so den Menschen in unüberbietbarer Weise zugewandt hat:

*„Der Engel des Herrn brachte Maria die Botschaft, und sie empfing vom Heiligen Geist.*
*\*Gegrüßet seist du, Maria ...*
*Maria sprach: Siehe, ich bin die Magd des Herrn; mir geschehe nach deinem Wort.*
*\*Gegrüßet seist du, Maria ...*
*Und das Wort ist Fleisch geworden und hat unter uns gewohnt.*

*\*Gegrüßet seist du, Maria ...*
*Bitte für uns, heilige Gottesmutter,*
*dass wir würdig werden der Verheißung Christi.*

*Lasset uns beten. – Allmächtiger Gott, gieße deine Gnade in unsere Herzen ein. Durch die Botschaft des Engels haben wir die Menschwerdung Christi, deines Sohnes, erkannt. Lass uns durch sein Leiden und Kreuz zur Herrlichkeit der Auferstehung gelangen. Darum bitten wir durch Christus, unsern Herrn. Amen.“*
*\*(Hier wird das „Gegrüßet seist du, Maria“ eingefügt)*

Erläuterung:
„DER ENGEL DES HERRN BRACHTE MARIA DIE BOTSCHAFT, UND SIE EMPFING VOM HEILIGEN GEIST“
Der Erzengel Gabriel verkündet Maria, dass sie Jesus, den Sohn Gottes durch das Wirken des Heiligen Geistes gebären wird, und der Heilige Geist bewirkte die Schwangerschaft Mariens.

„MARIA SPRACH: SIEHE, ICH BIN DIE MAGD DES HERRN; MIR GESCHEHE NACH DEINEM WORT"
Gläubig, vertrauensvoll und mit voller Zustimmung, nimmt Maria die Botschaft des Engels an.

„UND DAS WORT IST FLEISCH GEWORDEN UND HAT UNTER UNS GEWOHNT"
Das Wort Gottes durch den Engel ist wahrhaft Mensch (Fleisch) geworden. Jesus, der Sohn Gottes, hat unter uns gewohnt bzw. gelebt.

In der Osterzeit tritt an die Stelle des „Engel des Herrn" das Gebet **„Regina caeli"**:

*„Freu dich, du Himmelskönigin, Halleluja! Den du zu tragen würdig warst, Halleluja, er ist auferstanden, wie er gesagt hat, Halleluja. Bitt Gott für uns, Halleluja.*
*Freu dich und frohlocke, Jungfrau Maria, Halleluja,*
*denn der Herr ist wahrhaft auferstanden, Halleluja.*

*Lasset uns beten. – Allmächtiger Gott, durch die Auferstehung deines Sohnes, unseres Herrn Jesus Christus, hast du die Welt mit Jubel erfüllt. Lass uns durch seine jungfräuliche Mutter Maria zur unvergänglichen Osterfreude gelangen. Darum bitten wir durch Christus, unsern Herrn. Amen."*

# Sich Zeit nehmen für Gott

Wenn wir uns Gott, der uns aus Liebe in diese Welt gerufen und für das ewige Leben bestimmt hat, ganz bewusst zuwenden möchten, dann bieten sich hierzu verschiedene Möglichkeiten an, ihm unsere Zeit und Aufmerksamkeit in besonderer Weise zu schenken. So können wir uns für Gott Zeit nehmen, indem wir z.B. mit ganzem Herzen am Gottesdienst teilnehmen, die Sakramente empfangen oder aufmerksam die Heilige Schrift lesen und uns gedanklich mit dem Wort Gottes auseinandersetzen.

Nachfolgend erläutert, dürfen wir besonders im intensiven, betrachtenden Gebet wie dem Rosenkranzgebet und der Kontemplation (Meditation) bzw. Betrachtung des Kreuzweges und der Zehn Gebote, aber vor allem auch im Empfang der Sakramente die Nähe des Herrn erfahren:

**Das Rosenkranzgebet**

Das Rosenkranzgebet bzw. der Rosenkranz ist ein Gebet, das im Wesentlichen alle Heilsgeheimnisse enthält, die Gott durch Christus und unter Mitwirkung der Gottesmutter Maria ermöglichte. Gleichsam prachtvoll, edel und ehrerbietend wie ein Kranz aus Rosenblüten so ist der Rosenkranz ein „Kranz" aus Gebeten:
Das Kreuzzeichen, das Glaubensbekenntnis, das Ehre sei dem Vater, das Vaterunser und das Gegrüßet seist du, Maria.
Da das Handeln Gottes in der Geschichte in seiner Art und Weise für uns letztlich unergründlich ist, werden die dem Rosenkranz zugrunde liegenden Heilsgeschehnisse auch als Geheimnisse bezeichnet.
Jeder Rosenkranz setzt sich aus jeweils fünf Geheimnissen bzw. Glaubenswahrheiten zusammen:

Der freudenreiche Rosenkranz beinhaltet die freudenreichen Geheimnisse, der lichtreiche Rosenkranz die lichtreichen Geheimnisse, der schmerzhafte Rosenkranz die schmerzhaften Geheimnisse und der glorreiche Rosenkranz die glorreichen Geheimnisse.

In einem Rosenkranzgebet sind somit mindestens fünf zusammengehörende Geheimnisse (z.B. die glorreichen Geheimnisse) als Gegenstand der Betrachtung auszuwählen.

Eröffnet wird der Rosenkranz mit dem Kreuzzeichen, dem Glaubensbekenntnis, dem Ehre sei dem Vater und dem Vaterunser, sowie mit einem dreimaligen Gegrüßet seist du, Maria, bei dem nach dem Namen „Jesus" hintereinander die göttlichen Tugenden (Glaube, Hoffnung, Liebe) eingefügt und mit dem Ehre sei dem Vater beendet werden:

„… Jesus, der in uns den Glauben vermehre. Heilige Maria …
 … Jesus, der in uns die Hoffnung stärke. Heilige Maria …
 … Jesus, der in uns die Liebe entzünde. Heilige Maria …
Ehre sei dem Vater …"

Danach wird ein so genanntes „Gesätz" gebetet, welches mit dem Vaterunser beginnt und mit dem Ehre sei dem Vater endet. Dazwischen betet man 10mal das Gegrüßet seist du, Maria und fügt nach dem Namen „Jesus" ein Geheimnis ein.

In dieser Weise werden nacheinander alle fünf Geheimnisse eines Rosenkranzes zu einem Gesätz geformt.

Als Gebets- und Zählhilfe kann dem Rosenkranz die gleichnamige Gebetskette bzw. Gebetsschnur dienen, welche aus einem Kreuz und 59 Perlen/Kugeln besteht. Vom Kreuz ausgehend, werden zunächst die Kreuzzeichenformel (Im Namen des Vaters …), das Glaubensbekenntnis und das Ehre sei dem Vater gebetet. Bei jeder einzelnen bzw. separaten

Perle betet man das Vaterunser.

Die ersten drei dicht aneinander gereihten Perlen stehen jeweils für ein Gegrüßet seist du, Maria, bei dem nach dem Namen „Jesus" die drei göttlichen Tugenden nacheinander eingefügt werden. Daraufhin folgt das Ehre sei dem Vater. Bei den zehn dicht aneinander gereihten Perlen betet man jeweils ein Gegrüßet seist du, Maria und fügt nach dem Namen „Jesus" ein Geheimnis ein. Im Anschluss hieran, beendet ein Ehre sei dem Vater das Gesätz.

Am Beispiel der freudenreichen Geheimnisse ist nachfolgend ein Rosenkranzgebet dargestellt:

„Im Namen des Vaters und des Sohnes und des Heiligen Geistes. Amen.

Ich glaube an Gott, den Vater, den Allmächtigen, den Schöpfer des Himmels und der Erde, und an Jesus Christus, seinen eingeborenen Sohn, unsern Herrn, empfangen durch den Heiligen Geist, geboren von der Jungfrau Maria, gelitten unter Pontius Pilatus, gekreuzigt, gestorben und begraben, hinabgestiegen in das Reich des Todes, am dritten Tage auferstanden von den Toten, aufgefahren in den Himmel; er sitzt zur Rechten Gottes, des allmächtigen Vaters; von dort wird er kommen, zu richten die Lebenden und die Toten. Ich glaube an den Heiligen Geist, die heilige katholische Kirche, Gemeinschaft der Heiligen, Vergebung der Sünden, Auferstehung der Toten und das ewige Leben. Amen.

Ehre sei dem Vater und dem Sohn und dem Heiligen Geist, wie im Anfang, so auch jetzt und alle Zeit und in Ewigkeit. Amen.

Vater unser im Himmel, Geheiligt werde dein Name. Dein Reich komme. Dein Wille geschehe, wie im Himmel so auf Erden. Unser tägliches Brot gib uns heute. Und vergib uns unsere Schuld, wie auch wir vergeben unsern Schuldigern. Und führe uns nicht in Versuchung, sondern erlöse uns von dem Bösen. Denn dein ist das Reich und die Kraft und die Herrlichkeit in Ewigkeit. Amen.

Gegrüßet seist du, Maria, voll der Gnade, der Herr ist mit dir. Du bist gebenedeit unter den Frauen und gebenedeit ist die Frucht deines Leibes, Jesus, *der in uns den Glauben vermehre.* Heilige Maria, Mutter Gottes, bitte für uns Sünder jetzt und in der Stunde unseres Todes. Amen.

Gegrüßet seist du, Maria, voll der Gnade, der Herr ist mit dir. Du bist gebenedeit unter den Frauen und gebenedeit ist die Frucht deines Leibes, Jesus, *der in uns die Hoffnung stärke.* Heilige Maria, Mutter Gottes, bitte für uns Sünder jetzt und in der Stunde unseres Todes. Amen.

Gegrüßet seist du, Maria, voll der Gnade, der Herr ist mit dir. Du bist gebenedeit unter den Frauen und gebenedeit ist die Frucht deines Leibes, Jesus, *der in uns die Liebe entzünde.* Heilige Maria, Mutter Gottes, bitte für uns Sünder jetzt und in der Stunde unseres Todes. Amen.

Ehre sei dem Vater …

Vater unser im Himmel …

Gegrüßet seist du, Maria, voll der Gnade, der Herr ist mit dir. Du bist gebenedeit unter den Frauen und gebenedeit ist die Frucht deines Leibes, Jesus, *den du o Jungfrau, vom Heiligen Geist empfangen hast.* Heilige Maria, Mutter Gottes, bitte für uns Sünder jetzt und in der Stunde unseres Todes. Amen.
(In dieser Form wird das Gegrüßet seist du, Maria 10mal gebetet.)

Ehre sei dem Vater …"

(Ebenso werden auch die anderen freudenreichen Geheimnisse zu einem Gesätz gebildet.)

Die Rosenkranzgeheimnisse im Überblick:

„Der freudenreiche Rosenkranz / Die freudenreichen Geheimnisse:
… den du, o Jungfrau, vom Heiligen Geist empfangen hast. (Lk 1,26-38)
… den du, o Jungfrau, zu Elisabeth getragen hast. (Lk 1,39-56)
… den du, o Jungfrau, geboren hast. (Lk 2,1-20)
… den du, o Jungfrau, im Tempel aufgeopfert hast. (Lk 2,21-40)
… den du, o Jungfrau, im Tempel wiedergefunden hast. (Lk 2,41-52)

Der lichtreiche Rosenkranz / Die lichtreichen Geheimnisse:*
… der von Johannes getauft worden ist. (Mt 3,13-17)
… der sich bei der Hochzeit in Kana offenbart hat. (Joh 2,1-11)
… der uns das Reich Gottes verkündet hat. (Mk 1,14-15)
… der auf dem Berg verklärt worden ist. (Lk 9,28-36)
… der uns die Eucharistie geschenkt hat. (Lk 22,14-20)
* Erst mit dem Apostolischen Schreiben „ROSARIUM VIRGINIS MARIAE" vom 16. Oktober 2002 erweiterte Papst Johannes Paul ll. das bestehende Rosenkranzgebet um die fünf „lichtreichen Geheimnisse".

Der schmerzhafte Rosenkranz / Die schmerzhaften Geheimnisse:
… der für uns Blut geschwitzt hat. (Lk 22,39-46)
… der für uns gegeißelt worden ist. (Joh 19,1)
… der für uns mit Dornen gekrönt worden ist. (Joh 19,2-5)
… der für uns das schwere Kreuz getragen hat. (Joh 19,14-17)
… der für uns gekreuzigt worden ist. (Joh 19,18-30)

Der glorreiche Rosenkranz / Die glorreichen Geheimnisse:
… der von den Toten auferstanden ist. (Joh 20,1-18)
… der in den Himmel aufgefahren ist. (Apg 1,9-11)
… der uns den Heiligen Geist gesandt hat. (Apg 2,1-13)
… der dich, o Jungfrau, in den Himmel aufgenommen hat. (vgl. Joh 14,1-3)
… der dich, o Jungfrau im Himmel gekrönt hat." (vgl. Offb 2,10; 3,21)

## Der Kreuzweg

Der Kreuzweg erinnert mit 14 Stationen, ausgehend von der Verurteilung durch Pontius Pilatus bis zur Grablegung, an den Leidensweg Jesu Christi. Zum Gedenken an das Leiden (die Passion) Jesu wird der Kreuzweg gebetet und betrachtet. Hierzu bieten sich verschiedene Gebete und Betrachtungen an. Davon unabhängig aber ist es empfehlenswert, sich bei jeder Station in die Situation hineinzudenken und diese nachzuempfinden. Dabei muss zwangsläufig ein tiefes Mitgefühl, aber auch Dankbarkeit, Verbundenheit und eine gewisse Nähe zu Gott empfunden werden. Denn aus selbstloser Liebe hat Jesus alle Schuld auf sich genommen und stellvertretend sein Leben zur Vergebung der Sünden hingegeben.
– Am Versöhnungstag (Jom Kippur), welcher bis heute der wichtigste jüdische Festtag des Jahres ist, wurde bis zur Zerstörung des Jerusalemer Tempels durch die Römer im Jahre 70 n. Chr. ein kultisches Ritual abgehalten, bei dem man u.a. die Schuld der Gemeinde einem Ziegenbock auflud, der dann stellvertretend als „Sündenbock" zur Tilgung der Schuld in die Wüste geschickt bzw. hinausgetrieben wurde. Der Stellvertretertod Jesu Christi hingegen ist einmalig, unüberbietbar und für jeden Menschen alle Zeit gültig und wirksam.

Da Jesus freiwillig das Leid ohne Einschränkungen auf sich genommen hat, ist hierin auch die volle Solidarität Gottes mit allen Leidenden erkennbar.
Die 14 Stationen des Kreuzweges verdeutlichen also den Leidensweg Christi, seine unermessliche Liebe (Es gibt keine größere Liebe, als wenn einer sein Leben für seine Freunde hingibt. Joh 15,13) und die solidarische Verbundenheit Gottes mit den Leidenden.:

„1. Station
Jesus wird zum Tode verurteilt

2. Station
Jesus nimmt das Kreuz auf seine Schultern

3. Station
Jesus fällt zum ersten Mal unter dem Kreuz

4. Station
Jesus begegnet seiner Mutter

5. Station
 Simon von Cyrene hilft Jesus das Kreuz tragen

6. Station
Veronika reicht Jesus das Schweißtuch

7. Station
Jesus fällt zum zweiten Mal unter dem Kreuz

8. Station
Jesus begegnet den weinenden Frauen

9. Station
Jesus fällt zum dritten Mal unter dem Kreuz

10. Station
Jesus wird seiner Kleider beraubt

11. Station
Jesus wird an das Kreuz genagelt

12. Station
Jesus stirbt am Kreuz

13. Station
Jesus wird vom Kreuz abgenommen und in den Schoß seiner Mutter gelegt

14. Station
Jesus wird in das Grab gelegt"

Bildhafte Darstellungen der Kreuzwegstationen, wie sie z. B. in Kirchen und vielerorts in Bildstöcken zu finden sind, können bei der Betrachtung des Kreuzweges durchaus behilflich und dienlich sein.

## Die Zehn Gebote

Mit den Zehn Geboten (griechisch: Dekalog = Zehn Worte) wird der Mensch zur Gottes- und Nächstenliebe aufgefordert. Gott selbst offenbarte seinem Volk (Israel) durch Mose die Zehn Gebote auf dem Berg Sinai (Horeb).

Der Dekalog ist zumindest bei Juden und Christen bekannt, aber auch alle anderen Menschen kennen, allein schon durch das Gewissen, seinen wesentlichen Inhalt.
Die Zehn Gebote helfen dabei, den Willen Gottes zu erfüllen, das Gewissen zu erforschen und somit die eigenen Sünden zu erkennen, sie zu bereuen und zu vermeiden.

Die Zehn Gebote (vgl. Ex 34,28; Ex20,1-17; Dtn 5,6-21):

**1. Du sollst keine anderen Götter neben mir haben!**
Das ist die Forderung, an den einen, dreifaltigen Gott zu glauben und ihn mit ganzem Herzen, mit ganzer Seele und mit ganzer Kraft zu lieben.

**2. Du sollst den Namen Gottes nicht verunehren!**
Das ist die Forderung, den Namen Gottes in Ehren zu halten und ihn ebenso wie den Namen Christi, der Jungfrau Maria und aller Heiligen nicht zu missbrauchen.

34

### 3. Gedenke, dass du den Sabbat heiligst!

Das ist die Forderung, den Sonntag, als Ruhe- und Feiertag mit der damit verbundenen Arbeitsruhe und Teilnahme an der Eucharistiefeier zu achten. Der Sonntag als Tag der Auferstehung Christi ist für den Christen an die Stelle des jüdischen Sabbat-Feiertages getreten, welcher Freitagabend beginnt und Samstagabend endet.

### 4. Du sollst Vater und Mutter ehren!

Das ist die Forderung, den Eltern Achtung, Dankbarkeit, gebührenden Gehorsam und Hilfsbereitschaft entgegen-zubringen.

### 5. Du sollst nicht töten!

Das ist die Forderung, das eigene und das Leben anderer zu achten und zu schützen.

### 6. Du sollst nicht ehebrechen!

Das ist die Forderung, verantwortungsbewusst mit der eigenen Geschlechtlichkeit umzugehen und die Würde der Ehe (mit Treue) zu bewahren.

### 7. Du sollst nicht stehlen!

Das ist die Forderung, das Eigentum des Nächsten nicht unrechtmäßig an sich zu nehmen.

### 8. Du sollst kein falsches Zeugnis geben wider deinen Nächsten![4]

Das ist die Forderung, nicht zu lügen und sich an die Wahrheit im Reden und Handeln zu halten.

---

[4] Der „Nächste" ist derjenige, der in den Lebens- und Verantwortungsbereich eines anderen eintritt und dessen Liebe und Hilfe bedarf. Jeder kann somit zum Nächsten werden. Kurz und vereinfacht formuliert, ist mein Mitmensch auch mein Nächster.

**9. Du sollst nicht begehren deines Nächsten Frau!**
Das ist die Forderung, keine Begierde nach der Frau des Nächsten zuzulassen.

**10. Du sollst nicht begehren deines Nächsten Hab und Gut!**
Das ist die Forderung, nicht mit Neid und Missgunst auf den Besitz eines anderen zu sehen.


### Die sieben Sakramente

Sakramente sind symbolische bzw. zeichenhafte Handlungen, in denen Christus selbst handelnd gegenwärtig ist und die in einem feierlichen Ritus vollzogen werden.

Andere zeichenhafte Handlungen, die nicht zu den Sakramenten gehören, werden als Sakramentalien bezeichnet. Wie z.B.: der Segen = Lobpreis Gottes und Bitte um Schutz bzw. Zuspruch göttlichen Heils (Segnung von Personen, Fahrzeugsegnung, Tiersegnung usw.) und die Weihe[5] = dauerhafte Übereignung einer Sache/Person an Gott (Kerzenweihe, Kreuzweihe, Taufwasserweihe, Abtsweihe usw.)

Die Kirche kennt sieben Sakramente (Taufe, Firmung, Eucharistie, Buße, Krankensalbung, Priesterweihe, Ehe), von denen Taufe, Firmung und Eucharistie als Sakramente der Initiation d.h. Einführung, gelten. Anders als die anderen Sakramente, die nur einmal im Leben empfangen werden, ist insbesondere das Sakrament der Eucharistie und der Buße wiederholt zu empfangen (ausnahmsweise kann u.U. die Krankensalbung und die Ehe – bei Tod des Partners – auch wiederholt gespendet werden). Christus ist der eigentliche, primäre Spender der Sakramente, wobei er die Kirche mit

---

[5] Sofern „Weihe" nicht als Weihesakrament verstanden wird, gehört diese zu den Sakramentalien

ihren Befähigten und Beauftragten als Sakramentenspender in den Dienst nimmt.

Als sichtbare Zeichen verweisen die Sakramente auf eine unsichtbare Wirklichkeit:

1. Das Sakrament der Taufe

Durch die Taufe wird der Mensch neu geschaffen und zum Kind Gottes. Der Getaufte empfängt den Heiligen Geist und wird von der Erbsünde[6] (angeborene Sündenverflochtenheit) befreit. Die Taufe gliedert in die Kirche ein und prägt der Seele ein unauslöschliches Zeichen (Prägemal) ein. Bei der Säuglingstaufe geben Eltern, Paten und Gemeinde eine stellvertretende Antwort auf den Anruf Gottes und verpflichten sich zu einer christlichen Erziehung.

Der wesentliche Ritus der Taufe besteht darin, dass Wasser über den Kopf des Täuflings gegossen wird mit den Worten: „Ich taufe dich im Namen des Vaters und des Sohnes und des Heiligen Geistes."

Die Taufe wird vom Bischof, Priester oder Diakon gespendet, notfalls z.B. bei Lebensgefahr des Täuflings darf jeder Mensch — auch der selbst Ungetaufte — die Taufe spenden. Nur der Getaufte kann die übrigen sechs Sakramente empfangen.

2. Das Sakrament der Firmung

Das 2. Vatikanische Konzil[7] sagt zur Firmung:

„Durch das Sakrament der Firmung werden sie [die Gläubigen] vollkommener mit der Kirche verbunden und mit

---

[6] Die Erbsünde (Ursünde) vom Sündenfall bzw. von der ersten Sünde Adams (vgl. Gen 3), also von Menschheitsbeginn ausgehend, ist die sündhafte Verstrickung, in die der Mensch hineingeboren wird und welche die sündhafte Neigung/Begierde (Konkupiszenz) des Menschen zur Folge hat.

[7] Ein Konzil ist eine Versammlung von Bischöfen. Das 2. Vatikanische Konzil tagte von 1962-65.

einer besonderen Kraft des Heiligen Geistes ausgestattet."
(Kirche 11)

Bei der Taufe wird der Heilige Geist zur Vergebung der
Sünden und bei der Firmung zur Stärkung empfangen. Die
Firmung bietet die Möglichkeit, die Taufe und das Christsein
öffentlich zu bestätigen. Gespendet wird die Firmung von
einem Bischof oder einem vom Bischof beauftragten Priester,
im Einzelfall auch von einem Priester ohne besondere
Beauftragung.

### 3. Das Sakrament der Eucharistie

Eucharistie (griech.) bedeutet Danksagung und bezieht sich
auf die Danksagung Jesu beim letzten Abendmahl (vgl. 1 Kor
11,24 und Mk 14,23).

Außerdem ist mit der Eucharistie(-feier) der Dank an Gott und
sein Heilswirken in der Schöpfung und durch Jesus Christus
verbunden. Die Eucharistie wird aber auch u.a. als Mahl des
Herrn bzw. Herrenmahl (vgl. 1Kor 11,20), Brotbrechung
bzw. Brechen des Brotes (vgl. Apg 2,42), hl. Messe,
Messopfer und heiliges Opfer bezeichnet.

Beim letzten Abendmahl vor seinem Leiden und Tod reichte
Jesus seinen Jüngern das Brot als „seinen Leib" und den Wein
als „sein Blut" als Opfer zur Vergebung der Sünden. Danach
forderte er: „Tut dies zu meinem Gedächtnis" (Lk 22,19).
Seither folgt die Kirche dieser Aufforderung Jesu mit der Feier
der Eucharistie.

In der Eucharistiefeier ruft der Priester auf die Gaben von Brot
und Wein den Segen des Heiligen Geistes herab und spricht
die Worte, die Jesus beim letzten Abendmahl gesprochen hat.
In diesem Geschehen vollzieht sich die Konsekration[8]
(Wandlung) und bewirkt die Wesensverwandlung (Trans-
substantiation) von Brot und Wein in den Leib und das
Blut Christi. So ist Christus unter den konsekrierten Gestalten
von Brot und Wein wahrhaft gegenwärtig. Aufgrund dieser

---

[8] Nur eine gültig geweihte Person aus dem Priesterstand kann, aufgrund ihrer
Weihe, eine Eucharistiefeier leiten und Brot und Wein konsekrieren.

Gegenwart Christi bezeichnet man das eucharistische Brot (in Form einer Hostie) auch als das Allerheiligste.

In der Kommunion (lat. communio = Gemeinschaft) empfangen die Gläubigen den Leib und das Blut Christi unter den Gestalten von Brot und Wein, wobei Christus unter beiden Gestalten gegenwärtig ist, so dass der ganze Christus auch nur unter der Gestalt des Brotes empfangen wird, was die gebräuchlichste Praxis ist.

Die restlichen, von der Eucharistiefeier übrig behaltenen konsekrierten Hostien werden ebenso wie die große konsekrierte Hostie, welche zur Anbetung in der Monstranz (Schaugefäß) ausgesetzt und gezeigt wird, im Tabernakel (lat. Zelt, Hütte), einem Schrein oder Behälter, aufbewahrt. Das Allerheiligste im Tabernakel oder in der Monstranz ehrt man mit einer Kniebeuge oder tiefen Verneigung.

Die Eucharistie ist Mitte und Höhepunkt der Kirche und des christlichen Lebens. Sie befreit von der Sünde und gibt Anteil an Jesu Tod und Auferstehung.

Mit der Feier der Erstkommunion und der vorhergehenden Eucharistiekatechese (Kommunionunterricht) wird der Zugang zum Sakrament der Eucharistie eröffnet.

4. Das Sakrament der Buße und Versöhnung

Durch das Böse bzw. die Sünde wird der Mensch schuldig vor Gott und verletzt dessen Ehre und Würde. Die aus dem Verstoß gegen die Zehn Gebote erwachsende Sünde unterteilt sich in Todsünde (schwerwiegende Sünde) und lässliche Sünde (geringfügige Sünde).

Christus hat seiner Kirche die Autorität und Macht zur Vergebung der Sünden verliehen (vgl. Joh 20,21-23). Mit der Einzelbeichte (Bekenntnis der Sünden vor einem Priester) erhalten die Menschen die Lossprechung von den Sünden.

Nachdem die Sünden beispielsweise durch eine sorgfältige Gewissenserforschung erkannt wurden, sind die Voraussetzungen für die Vergebung von Sünde und Schuld: die Reue des Herzens, das Sündenbekenntnis und der Vorsatz, sich zu bessern. Als Genugtuung (Buße, Sühne) sind Bußwerke zu leisten, wie beispielsweise Gebet, Dienst am Nächsten oder den verursachten Schaden nach Möglichkeit zu beheben.

„Wie andere Formen der Buße führt auch die rechte Teilnahme an einem Bußgottesdienst zur Vergebung der alltäglichen Fehler; denn Gott erhört die mit Reue und ernstem Vorsatz verbundene Bitte um Vergebung, die von der kirchlichen Gemeinschaft aufgenommen und unterstützt wird. Die Vergebung von Todsünden, die der Sünder – in einem solchen Gottesdienst oder auch außerhalb – aufgrund seiner Reue aus Liebe zu Gott (vollkommene Reue) erlangt, findet ihre Vollendung im sichtbaren Zeichen der sakramentalen Lossprechung."[9]

Ein Ablass, wie er mit dem päpstlichen Segen „urbi et orbi" (lat. = der Stadt (Rom) und dem Erdkreis) verbunden ist, bewirkt aufgrund der Verdienste Jesu und der Heiligen (diese Verdienste werden auch als Kirchenschatz bezeichnet) einen Nachlass zeitlicher Sündenstrafen (Läuterung im „Fegefeuer") für Lebende und Verstorbene guten Willens, die ihre Verfehlungen zwar aufrichtig bereut und gesühnt haben, deren sündhaftes Verschulden aber weiterhin fortwirkt.


5. Das Sakrament der Krankensalbung

Das Sakrament der Krankensalbung wird einem kranken Menschen, dessen Gesundheitszustand bedrohlich angegriffen ist bzw. um dessen Leben man fürchten muss, von einem Priester oder Bischof gespendet.

Im Wesentlichen besteht die Feier der Krankensalbung in der Auflegung der Hände sowie in der Salbung der Stirn und der Hände des Kranken mit geweihtem Öl und dem dabei begleitenden Gebet. Die Krankensalbung vermittelt Trost, die Vergebung der Sünden, evtl. auch die Genesung und die Vorbereitung auf das ewige Leben.


6. Das Sakrament der Weihe

Das Sakrament der Weihe (Ordination) umfasst drei Weihestufen (Bischof, Priester, Diakon) und wird von einem

---

[9] Gotteslob, Katholisches Gebet und Gesangbuch, Stuttgart 1975, S. 103.

Bischof durch Handauflegung und das Weihegebet gespendet. Mit dem Weihesakrament wird die Aufgabe und Vollmacht übertragen, im Namen und in der Person Christi den Gläubigen durch Lehrtätigkeit, Gottesdienst und Seelsorge (Pastoral) zu dienen.

7. Das Sakrament der Ehe

Das Sakrament der Ehe spenden sich die Eheleute gegenseitig selbst, indem sie sich das Jawort geben.

Bischof, Diakon oder Priester vollziehen die liturgische Feier, erteilen den Segen der Kirche und assistieren bei der Trauung. Im Sakrament der Ehe schließen Mann und Frau vor Gott einen unauflöslichen Bund, aus dessen Lebens- und Liebesgemeinschaft auch Nachkommen hervorgehen sollen.

# Christus ist in seiner Kirche gegenwärtig

Als Kirche wird einerseits das Kirchengebäude als Ort des Gebetes, der Besinnung und Liturgie bezeichnet. Andererseits ist die Kirche auch die Gemeinschaft der Glaubenden, die Gemeinde (griech.: ecclesia) und das Volk Gottes sowie die Gemeinschaft der Christen (griech.: koinonia).

Der Papst als Nachfolger des Petrus ist das Oberhaupt der katholischen Kirche, die von ihm mit den Bischöfen, den Nachfolgern der Apostel, geleitet wird. Als Mitarbeiter der Bischöfe haben Priester und Diakone u.a. die Aufgabe, den Glauben zu lehren und Gottesdienst zu feiern. Aber auch die Laien, die nichtgeweihten Christgläubigen also, sind zum Laienapostolat berufen und haben Anteil am Priestertum Christi, womit sie im Sinne Christi Aufgaben in Kirche und Welt wahrnehmen sollen.

Zu den kirchlichen Gemeinschaften, die in ihren Anfängen auf die Eremiten (Einsiedler, abseits und allein lebende Mönche wie z.B. Antonius der Große) zurückzuführen sind, gehören Orden wie: Augustiner, Benediktiner, Franziskaner usw. und Kongregationen (ordensähnliche Gemeinschaften und Zusammenschlüsse von Klöstern). So ist die Entstehung von Klöstern (Gebäude, in denen Mönche oder Nonnen leben) den mönchischen (monastischen) Lebensgemeinschaften von Männern und Frauen zu verdanken.

Außerdem hat sich die Kirche zu einer vielseitigen Institution entwickelt, die eine eigene Verwaltung benötigt und darüber hinaus weitere Arbeitsplätze zur Verfügung stellt und sich sozialen wie humanitären Funktionen und Einrichtungen widmet (z.B. Caritas, Krankenhäuser, Kindergärten, Mission, Altenheime, Entwicklungshilfe, Bildung, humanitäre Hilfe usw.).

Jesus Christus ist Ursprung und Grund der Kirche, denn durch sein Leben und Wirken, seinen Tod und seine Auferstehung, die Auswahl der zwölf Jünger (vgl. Mk 3,13-19) und ihre Aussendung nach seiner Auferstehung (vgl. Joh 20,21) sowie die

Einsetzung Petri in das Hirtenamt (vgl. Mt 16,18-19, Joh 21,15-17) hat er ihre Grundlagen geschaffen. In ihr ist er auf verschiedene Weise gegenwärtig, so z.B. durch den Heiligen Geist, die Nachfolger Petri und der Apostel, besonders durch die Eucharistie und in der Liturgie. Jesus selbst hat ja zugesagt: „Wo zwei oder drei in meinem Namen versammelt sind, da bin ich mitten unter ihnen" (vgl. Mt 18,20).

Leider haben sich im Laufe der Zeit in der Kirche Spaltungen bzw. Trennungen vollzogen, so dass neben der katholischen Kirche noch andere Kirchen und kirchliche Gemeinschaften existieren wie u.a. die orthodoxe und evangelische Kirche. Auch wenn die Christen somit voneinander getrennt sind, so haben sie doch gemeinsame Grundlagen (wie die Taufe) und sie sind untereinander durch die Liebe als Schwestern und Brüder im christlichen Glauben verbunden. Sie bemühen sich um ihre Einheit, was als Ökumene, ökumenische Bewegung oder Ökumenismus bezeichnet wird.

Die Fehler und Sünden[10], die von den Menschen in der Kirche, von Laien wie geweihten Amtsträgern begangen wurden und werden, ändern nichts an der Heiligkeit der Kirche und ihrer Verkündigung der von Gott offenbarten Wahrheit, wobei sich in diesem Sinne und Zusammenhang der Papst oder das Bischofskollegium mit dem Papst bzw. die gesamte Kirche auf Unfehlbarkeit berufen kann. Bei aller Kritik an der Kirche sollten die insgesamt überwiegend positiven Aspekte ebenso beachtet werden wie vor allem die Tatsache, dass Christus das Haupt seines Leibes der Kirche ist (vgl. Kol 1,18).

Die Kirche als Instrument des Heilswillens Gottes vermittelt umfassendes Heil. Sie ist dadurch bzw. durch ihren Glauben

---

[10] In Bezug hierauf sagt das 2.Vatikanische Konzil über die Kirche: „Sie ist zugleich heilig und stets der Reinigung bedürftig, sie geht immerfort den Weg der Buße und Erneuerung." Vgl. Karl Rahner, Herbert Vorgrimler: Kleines Konzilskompendium, S.131 (Kirche 8).

und die mit Christus und untereinander verbindende Taufe heilsnotwendig. Aber auch jene Menschen, denen diese Tatsache aus welchen Gründen auch immer unbekannt ist, erhalten Anteil am Heil, vor allem, wenn sie sich wie die Kirche um das Gute und damit um den Willen Gottes bemühen.

Damit möglichst viele Menschen ganz bewusst dem Heil entgegengehen und daraus Kraft und Mut schöpfen können, erfüllt die Kirche ihren von Christus erhaltenen Missionsauftrag: „Darum geht zu allen Völkern, und macht alle Menschen zu meinen Jüngern; tauft sie auf den Namen des Vaters und des Sohnes und des Heiligen Geistes, und lehrt sie, alles zu befolgen, was ich euch geboten habe. Seid gewiss: Ich bin bei euch alle Tage bis zum Ende der Welt." (Mt 28,19-20)

Gottes Gegenwart und Nähe ist in der Kirche mit ihren vielfältigen Erscheinungs- und Ausdrucksformen deutlich erkenn- und spürbar. Seine übernatürliche, unsichtbare Wirklichkeit ist in der Kirche Christi sichtbar. Deshalb dient die Kirche in besonderem Maße dazu, ganz bewusst und aufmerksam den Weg mit Gott gehen zu können.

# Gott in der Liturgie begegnen

Zur Liturgie der Kirche  gehören alle Formen des Gottesdienstes, besonders die heilige Messe bzw. Eucharistie und die Gottesdienste, die im Zusammenhang mit den anderen Sakramenten stehen, aber auch alle anderen Gottesdienstformen wie beispielsweise die Andacht (Gebetsübungen wie z.B. die Rosenkranzandacht und die Kreuzwegandacht …).
Die Liturgie umfasst das gesamte gottesdienstliche Geschehen, welches gekennzeichnet ist durch: Wort, Gesang, Gestik, Gewänder (Paramente), liturgische Geräte (z.B. Weihrauchfass), Symbole (z.B. Kreuz) und Symbolhandlungen (z. B. Kreuzzeichen, Kniebeuge). Vor allem in Kirchengebäuden wird die heilige Liturgie in einem würdevollen und festlichen Rahmen vollzogen und gefeiert. Das Läuten der Kirchenglocken lädt  u.a. dabei zur Teilnahme an der Gottesdienstfeier ein.

Eine zentrale Bedeutung im Kirchenraum haben der Tabernakel als Aufbewahrungsort des Allerheiligsten und der konsekrierten (zum Leib Christi gewandelten) Hostien sowie das Lesepult (Ambo) als Ort der Verkündigung und des Wortgottesdienstes (z.B. Schriftlesung, Predigt, Fürbitten) und der Altar als „Tisch des Herrn" und Darbringungsort des eucharistischen Opfers in den Gestalten von Brot (Hostien) und Wein. In der Messfeier wird das Opfer Jesu Christi vergegenwärtigt.
Wird im Gottesdienst Weihrauch verwendet, so dient dieser als Zeichen des Segens und der Huldigung Gottes und kann dabei an den Psalm 141,2 erinnern, wo gesagt wird: „Wie ein Rauchopfer steige mein Gebet vor dir auf …".
Mit Weihwasser besprengt und segnet der Priester Gegenstände oder Personen zur Erinnerung an die Taufe. Auch das in Behältern, im Eingangsbereich einer Kirche aufbewahrte Weihwasser, mit dem sich die Kirchenbesucher bekreuzigen können, soll an die Taufe erinnern.

Zahlreiche Symbole und Symbolhandlungen weisen so auf die „unsichtbare" Wirklichkeit Gottes hin. Die Kirche vergegenwärtigt also in der Liturgie das Erlösungswerk Christi und sie feiert dieses nach dem Plan Gottes — der Heilsökonomie — vollzogene Mysterium Christi von Tod und Auferstehung, wodurch Christus den Tod vernichtet und das Leben neu geschaffen hat.

In der Liturgie können wir Gott mit Dank, Bitte und Lobpreis begegnen, ihm von unserer Zeit und Aufmerksamkeit schenken und ihm die Ehre erweisen sowie auch am liturgischen Reichtum teilhaben. In diesem Sinne heißt es im Konzilstext des 2. Vatikanischen Konzils über die Liturgie: „Obwohl die heilige Liturgie vor allem Anbetung der göttlichen Majestät ist, birgt sie doch auch viel Belehrung für das gläubige Volk in sich. Denn in der Liturgie spricht Gott zu seinem Volk; in ihr verkündet Christus noch immer die Frohe Botschaft. Das Volk aber antwortet mit Gesang und Gebet. Überdies werden die Gebete, die der Priester in der Rolle Christi an der Spitze der Gemeinde stehend an Gott richtet, im Namen des ganzen heiligen Volkes und aller Umstehenden gesprochen. Die sichtbaren Zeichen endlich, welche die heilige Liturgie gebraucht, um die unsichtbaren göttlichen Dinge zu bezeichnen, sind von Christus und der Kirche ausgewählt. Daher wird nicht nur beim Lesen dessen, „was zu unserer Belehrung geschrieben ist" (Röm 15,4), sondern auch wenn die Kirche betet, singt oder handelt, der Glaube der Teilnehmer genährt und ihr Herz zu Gott hin erweckt, auf dass sie ihm geistlichen Dienst leisten und seine Gnade leichter empfangen." [11]

Wenn der Liturgie auch eine außerordentliche Bedeutung zukommt, so sind doch die daran teilnehmenden Personen, die

---

[11]  Vgl. Karl Rahner, Herbert Vorgrimler: Kleines Konzilskompendium, S. 62-63 (Liturgie 33)

Gottesdienstbesucher, nicht automatisch bessere Menschen. Vielmehr führt der richtig verstandene Gottesdienst zu einer vielfältigen Bereicherung und wahrhaftigen Gottesbegegnung. Denn Christus ist in der Liturgie auf verschiedene Weise gegenwärtig und begegnet uns in der Eucharistie, in den anderen Sakramenten, in den Priestern, in den Worten der Heiligen Schrift und er begegnet uns in der liturgischen Gemeinschaft, da er versprochen hat: „Wo zwei oder drei in meinem Namen versammelt sind, da bin ich mitten unter ihnen" (vgl. Mt 18,20).

# Gott in seinem Wort begegnen

In der Bibel, die auch als Heilige Schrift oder Wort Gottes bezeichnet wird, begegnet uns Gott mit seinem Willen und seiner Liebe. Auf unterschiedliche Weise hat er sich den Menschen offenbart, das heißt kundgetan bzw. zu erkennen gegeben, woraufhin früher oder später verschiedene Autoren diese Gotteserfahrungen und Gotteserkenntnisse schriftlich niedergelegt haben. Dabei wurden die Verfasser der Bücher der Heiligen Schrift von Gott inspiriert, was bedeutet, dass das von Gott offenbarte Wort unter Anhauch bzw. dem Einfluss des Heiligen Geistes aufgezeichnet wurde.

Um das Gotteswort im Menschenwort der Verfasser deutlicher erkennen zu können, ist es mitunter erforderlich, die Denk-, Sprech- und Erzählweise der damaligen Zeit zu berücksichtigen. So dürfen die biblischen Texte durchaus wortwörtlich verstanden werden, benötigen aber u.U. eine wissenschaftliche Erklärung oder Schriftauslegung (Exegese), beispielsweise durch die so genannten Exegeten (Ausleger).

Wird die Bibel im Licht des Heiligen Geistes, der Wahrheit und der unendlichen Liebe Gottes betrachtet, dann kann diese, auf  die wesentlichen biblischen Inhalte bezogene Betrachtungsweise, zu einem unverfälschten Verständnis der göttlichen Offenbarung führen und somit vor irreführender Verwendung und Auslegung der Schrift bewahren.

Zum Entstehungsprozess der Bibel gehört, dass diese aus der – als Kanon bezeichneten – maßgeblichen Sammlung heiliger Schriften zusammengestellt wurde. Im Gegensatz hierzu stehen die Apokryphen, die nicht in den Kanon aufgenommenen Schriften.

Später erfolgte dann, zum besseren Auffinden von Textstellen, die Einteilung des Bibeltextes in Kapitel und Verse. So werden die Bezeichnungen bzw. Namen der Schriften meist in abgekürzter Form mit Kapitel und den durch ein Komma davon getrennten Vers genannt. „Mt 3,13" bedeutet z.B., dass es sich hierbei um eine Textstelle aus dem Evangelium nach Matthäus, Kapitel 3, Vers 13 handelt. An dieser Stelle heißt es: „Zu dieser Zeit kam Jesus von Galiläa an den Jordan zu Johannes, um sich von ihm taufen zu lassen."

Die Heilige Schrift, welche das Alte und das Neue Testament umfasst, wurde allein schon aus Ehrfurcht vor dem Wort Gottes zuverlässig überliefert und aus den Urtexten (bzw. aus den daraus resultierenden Schriften), die in hebräischer und aramäischer Sprache (Altes Testament) sowie in griechischer Sprache (Altes Testament „Septuaginta" und Neues Testament) verfasst worden sind, ins Lateinische (Vulgata) und in die jeweilige Muttersprache der Gläubigen übersetzt.

Das Alte Testament enthält die fünf Bücher des Mose, die auch Pentateuch (griech.) und Tora (hebr.) genannt werden, die Geschichts- und Weisheitsbücher, die Psalmen (Sammlung von Liedern und Gedichten) und die Prophetenbücher.
In diesen alttestamentlichen Büchern wird die Gotteser-kenntnis, Gotteserfahrung und -verehrung zum Teil bildhaft, aber durchaus auch vor historischem Hintergrund beschrieben. Angefangen mit der Erschaffung der Welt und des Menschen (Adam und Eva), offenbarte sich Gott immer wieder verschiedenen Menschen wie u.a. Noah und den Erzvätern Abraham, Isaak und dem Jacob, dem Gott den Namen „Israel" gab und aus dessen 12 Söhnen die zwölf Stämme Israels hervorgingen.
Mit Gottes Hilfe und unter Führung des Mose wurde das Volk Israel aus der Knechtschaft Ägyptens befreit und herausgeführt, wobei es auf dem Weg in das verheißene (versprochene) bzw. gelobte Land auf dem Berg Sinai – auch Horeb genannt – das Gesetz bzw. die Zehn Gebote empfing.

Mit göttlichem Beistand führte dann Josua nach Moses Tod als dessen Nachfolger das Volk Gottes in das Land der Verheißung.

Auch im weiteren Verlauf hat Gott sein auserwähltes Volk und dessen Anführer, wie die so genannten Richter, als Vorläufer des Königtums und die Könige wie Saul, David und Salomo durch die Geschichte hindurch begleitet.

Zahlreiche Propheten wie z.B. Jeremia, Ezechiel, Jesaja usw. sprachen im Auftrag Gottes zu den Menschen und übermittelten seinen Willen.

So sind die alttestamentlichen Bücher spürbar von Gottes Geist durchdrungen und Gott ist in ihnen im Wesentlichen als derjenige erkennbar, der für die Menschen da ist, sie liebt, für sie sorgt, mit ihnen einen Bund schließt und diesen auch immer wieder erneuert und damit seinen Bündniswillen trotz menschlicher Sünde und Schuld bekräftigt.

Das Neue Testament enthält die vier Evangelien (Evangelium = gr. „Frohbotschaft"), die Apostelgeschichte, die Briefe (Epistel) und die Offenbarung des Johannes (Apokalypse).

Die Schriften des Neuen Testamentes berichten von Jesus Christus, seinen Jüngern, die auch als Apostel (Gesandte) bezeichnet werden, sowie von den ersten Christen und Gemeinden. Sie gehen, sofern sie nicht von den Zeugen des Christusereignisses verfasst worden sind, auf diese selbst zurück.

Die vier Evangelien, das Evangelium nach Matthäus (Mt), Markus (Mk), Lukas (Lk) und Johannes (Joh), sind nach ihren Verfassern, den so genannten Evangelisten, benannt, wobei die Evangelien nach Matthäus, Markus und Lukas aufgrund ihrer Gemeinsamkeiten in der Zusammenschau (Synopsis) auch als synoptische Evangelien bezeichnet werden.

In den Evangelien wird u.a. geschildert, wie Jesus Christus umherzog und den Heilswillen Gottes – Gottes Reich und Herrschaft und damit Weltüberschreitendes Heil – verkündete, wie er Kranke heilte, Tote auferweckte, Sünden vergab und sich der Ausgestoßenen und Ausgegrenzten annahm. Nach seinem grausamen Tod am Kreuz, den Jesus stellvertretend zur Vergebung der Sünden annahm, ist er wahrhaft von den Toten auferstanden und zeigte sich seinen Jüngern und anderen Menschen, die somit zu Zeugen seiner Auferstehung wurden.

Die Apostelgeschichte bezieht sich hauptsächlich auf die Apostel Petrus und Paulus und berichtet von der Zeit zwischen der Himmelfahrt Jesu und dem Aufenthalt Pauli in Rom als Gefangener.

Im Anschluss an die Apostelgeschichte folgen die u.a. auf Christus und christliche Theologie bezugnehmenden Briefe an Gemeinden oder Einzelpersonen, wie beispielsweise die Paulusbriefe.

Das letzte Buch im Neuen Testament, die Offenbarung des Johannes, beinhaltet Visionen, in denen auch künftige, leidvolle und endzeitliche Ereignisse in bildhafter und symbolischer Sprache beschrieben werden. Dabei geht es nicht so sehr um eine zeitliche Festlegung dieser Geschehnisse, denn solche sind zu jeder Zeit ein Bestandteil der Geschichte, sondern es geht vielmehr darum, bestehendes und bevorstehendes Leid mit der in Christus geschenkten Hoffnung ertragen und bestehen zu können. Die Offenbarung des Johannes weist auf die Heilsvollendung hin, welche bereits mit der Auferstehung Christi begonnen hat.
Gott wird alle Tränen abwischen: Der Tod wird nicht mehr sein, keine Trauer, keine Klage, keine Mühsal (vgl. Offb 21,4).

Die neutestamentlichen Schriften sind im Wesentlichen ein wahrhaftiges Zeugnis der unermesslichen Liebe, der Heils-zusage und der Selbstoffenbarung Gottes in Jesus Christus. In ihm hat Gott menschliche Gestalt angenommen und ist den

Menschen erschienen, um ihnen seinen Heilswillen in Wort und Werk zu vermitteln.

Durch den Tod und die Auferstehung Christi wurde in offensichtlicher Weise der endgültige Sieg über Sünde und Tod verdeutlicht und durch das aus Liebe dargebrachte Opfer Jesu hat Gott den neuen und ewigen Bund mit den Menschen geschlossen (vgl. Mk 14,24 und 1 Kor 11,25).

Gott ist also in der gesamten Bibel – im Alten wie im Neuen Testament – gegenwärtig und erfahrbar. Auf unserem Lebensweg, dem Weg mit Gott und dem Weg zu Gott, können wir ihm mit seinem Heilswillen, seiner Liebe und Nähe immer wieder auch in der Heiligen Schrift – der Bibel – begegnen.

# Heilige – Vorbilder, Fürsprecher und Wegbegleiter

Heilige sind Menschen, die sich in besonderer Weise um den Willen und die Ehre Gottes bemüht haben. Wegen ihrer (christlichen) Glaubensüberzeugung haben sie nicht selten ihr Leben unter grausamen Umständen (z.B. Folter) hingegeben und sind somit zu Märtyrern (Blutzeugen Christi) geworden. In seiner Enzyklika (päpstliches Rundschreiben) Fides et ratio – Glaube und Vernunft – (Nr. 32) schreibt Papst Johannes Paul II. über das Zeugnis der Märtyrer: „Der Märtyrer ist in der Tat der zuverlässigste Zeuge der Wahrheit über das Dasein. Er weiß, dass er in der Begegnung mit Jesus Christus die Wahrheit über sein Leben gefunden hat; nichts und niemand wird ihm jemals diese Gewissheit zu entreißen vermögen. Weder das Leiden noch der gewaltsame Tod werden ihn dazu bringen können, die Zustimmung zu der Wahrheit zu widerrufen, die er in der Begegnung mit Christus entdeckt hat. " So wird also die Glaubwürdigkeit der Heiligen als Zeugen des Glaubens durch das Opfer der Märtyrer nochmals herausragend bestätigt.

Aufgrund ihres heiligmäßigen Lebens bzw. Martyriums werden solche Menschen von der Kirche zunächst selig und dann heilig gesprochen und in das Heiligenverzeichnis aufgenommen. Die Seligsprechung (Beatifikation) als Vorstufe zur Heiligsprechung ist lokal auf ein bestimmtes Gebiet (Bistum, Land) begrenzt und die Heiligsprechung (Kanonisation) weitet die Verehrung auf die Weltkirche aus.

Von den Heiligen, den Zeugen des Glaubens, stammen die Reliquien. Als Reliquien (lat. Überreste) bezeichnet man die sterblichen Überreste von Heiligen und sämtliche Hinterlassenschaften (z.B. Gegenstände, Kleidung), die mit ihnen in Verbindung standen.

Letztendlich weisen diese Reliquien wie die Heiligen selbst auf Gott und seine Heilstat in und durch Jesus Christus hin.

Mit der Heiligenverehrung, bei der Maria, der Mutter des Herrn, der Mutter der Kirche und Mutter aller Menschen, besondere Aufmerksamkeit zukommt, wird die Verbundenheit zwischen Himmel und Erde verdeutlicht. Ohne Zweifel sind die himmlische Kirche mit den Heiligen und die irdische Kirche mit den auf Erden lebenden Menschen miteinander verbunden und bilden eine gemeinsame Kirche.

Und auch im täglichen Leben begegnen uns die Heiligen mit ihren jeweiligen Gedenk- bzw. Fest- und Namenstagen, sie begegnen uns als Länder-, Schutz- und Namenspatrone bzw. Namensgeber z. B. für kirchliche Einrichtungen und erinnern uns so an die zwischen Himmel und Erde bestehende Verbindung.

Neben den Heiligen werden auch die Engel (Geist-Wesen, Boten und Diener Gottes) wie z.B. die Erzengel (höhere Engel) Michael, Gabriel und Raphael als Fürsprecher angerufen.

Wegen ihres heiligmäßigen Lebens und tiefen Glaubens dienen uns die Heiligen als Vorbilder und aufgrund ihrer Nähe zu Gott sind sie unsere Fürsprecher, denen wir unsere Anliegen anvertrauen dürfen, die sie dann vor Gott tragen. Zur Fürbitte werden entweder einzelne Heilige (wie z. B. der hl. Antonius von Padua, der angerufen wird um Ver-lorengegangenes wieder zu finden) oder mehrere Heilige angerufen, wie beispielsweise die Vierzehn Nothelfer:

1. Achatius, wird angerufen gegen Todesangst
2. Ägidius, wird angerufen zur Ablegung einer guten Beichte
3. Barbara, Patronin der Sterbenden
4. Blasius, wird angerufen gegen Halsleiden
5. Christopherus, wird angerufen gegen unvorbereiteten Tod, Schutzheiliger im Straßenverkehr
6. Cyriacus, wird angerufen gegen Anfechtungen in der Todesstunde

7. Dionysius, wird angerufen gegen Kopfschmerzen

8. Erasmus, wird angerufen gegen Leibschmerzen

9. Eustachius, wird angerufen in allen schwierigen Lebens-lagen

10. Georg, wird angerufen gegen Seuchen der Haustiere

11. Katharina, wird angerufen gegen Leiden der Zunge und Sprachschwierigkeiten

12. Margareta, Patronin der Gebärenden

13. Pantaleon, Patron der Ärzte

14. Vitus (Veit), wird angerufen gegen Epilepsie

*Regional unterschiedlich werden manche Nothelfer durch andere Heilige ersetzt.*

Allgemein alle Heiligen werden angerufen in der je nach Anlass in Art und Umfang veränderbaren, so genannten **Allerheiligen – Litanei**:

„V/A (Vorbeter/Alle) Kyrie eleison
  V/A Christe eleison
  V/A Kyrie eleison
oder:
  V/A Herr, erbarme dich
  V/A Christus, erbarme dich
  V/A Herr, erbarme dich
  V Christus, höre uns
  A Christus, erhöre uns

| | |
|---|---|
| V Gott Vater im Himmel | A Erbarme dich unser |
| V Gott Sohn, Erlöser der Welt | A Erbarme dich unser |
| V Gott Heiliger Geist | A Erbarme dich unser |
| V Heiliger dreifaltiger Gott | A Erbarme dich unser |

| | |
|---|---|
| V Heilige Maria, Mutter Gottes | A bitte(t) für uns |
| Heiliger Michael | |
| Heiliger Gabriel | |

Heiliger Rafael
Ihr heiligen Engel

Heiliger Abraham
Heiliger Mose
Heiliger Johannes der Täufer
Heiliger Josef
Ihr heiligen Patriarchen und Propheten

Heiliger Petrus
Heiliger Paulus
Heiliger Andreas
Heiliger Johannes
Ihr heiligen Apostel und Evangelisten

Heiliger Gregor
Heiliger Ignatius
Ihr heiligen Päpste und Bischöfe

Heiliger Hieronymus
Heiliger Laurentius
Heiliger Pfarrer von Ars
Ihr heiligen Diakone und Priester

Heiliger Athanasius
Heiliger Augustinus
Heilige Theresia
Ihr heiligen Lehrer der Kirche

Heiliger Stephanus
Heilige Agnes
Ihr heiligen Märtyrer

Heiliger Benedikt
Heiliger Franziskus
Heilige Klara
Ihr heiligen Jungfrauen und Mönche
Heiliger Thomas Morus

Heilige Monika
Ihr heiligen Väter und Mütter

Ihr heiligen unseres Landes
Ihr heiligen unseres Bistums
Ihr heiligen Bekenner
Alle heiligen Gottes

V  Jesus, sei uns gnädig          A Herr befreie uns
Sei uns barmherzig
Von allem Bösen
Von aller Sünde
Von der Versuchung durch den Teufel
Von Zorn, Hass und allem bösen Willen
Von Süchtigkeit und Unzucht
Von Stolz und Hochmut
Von Spott und Verrat
Von Gleichgültigkeit und Trägheit
Von Schwermut und Verzweiflung
Von Verblendung des Geistes
Von Verhärtung des Herzens
Von Unwetter und Katastrophen
Von Hunger, Krieg und Krankheit
Von der Vergiftung der Erde
Von einem plötzlichen Tode
Von der ewigen Verdammnis


Durch deine Geburt und dein heiliges Leben
Durch dein Leiden und Sterben
Durch deine Auferstehung und Himmelfahrt
Durch die Sendung des Heiligen Geistes
Durch deine Gegenwart bis zum Ende der Zeit
Am Tag deiner Wiederkunft

V  Wir armen Sünder          A  Wir bitten dich erhöre uns
Schütze deine Kirche und leite sie
Erleuchte den Papst, unseren Bischof und alle Hirten

Erfülle alle Glieder der Kirche mit der Kraft des Heiligen
Geistes
Erneuere deine Kirche im Glauben, in der Hoffnung und
in der Liebe
Öffne den Ungläubigen die Ohren für deine Botschaft
Stärke deine Kirche in Bedrängnis und Verwirrung
Gib ihren Feinden Einsicht und Umkehr
Führe dein Volk zur Einheit
Schenke den Völkern der Erde Frieden und Freiheit
Bewahre sie vor Missbrauch der Macht und allem
Unrecht
Lass alle Menschen teilhaben an den Gütern der Erde
Erfülle uns mit Liebe und Barmherzigkeit
Segne alle, die uns Gutes tun
Dass die Eheleute fest bleiben in Treue
Dass Eltern und Kinder einander verstehen
Mach uns bereit zu Buße und Umkehr
Dass wir in deinem Dienste bleiben
Dass du uns wachend findest bei deinem Kommen
Gib den Verstorbenen das ewige Leben

V Lamm Gottes, du nimmst hinweg die Sünde der Welt
A Herr, verschone uns
V Lamm Gottes, du nimmst hinweg die Sünde der Welt
A Herr, erhöre uns
V Lamm Gottes, du nimmst hinweg die Sünde der Welt
A Herr, erbarme dich"


Die Allerheiligen-Litanei ist ein Fürbittgebet im Wechsel-
gesang, welches natürlich auch von einer Einzelperson gebetet
– gesungen oder gesprochen – werden kann. Das Fürbittgebet
stellt eine deutliche Verbindung zwischen Himmel und Erde,
zu den Heiligen und zu Gott her.

In allen Lebenslagen dürfen wir also auf die Fürsprache und
den Beistand der Heiligen Vertrauen. Als Wegbegleiter

können sie uns auf unserem Lebensweg und dem Weg mit Gott behilflich sein.

# Den Glauben an Kinder weitergeben

Damit sich auch schon Kinder von Gott begleitet wissen und seine Nähe erfahren können, ist es sehr sinnvoll, dass der Glaube frühestmöglich an sie weitergegeben wird. Dabei sollte neben dem „vorgelebten Glauben" als Vorbild, eine kindgerechte, einfache und verständliche Sprache und Erklärungsweise verwendet werden.
Nachfolgend sind hier einige der wichtigsten Begriffe beispielhaft erklärt:

**Gott**
Gott ist zwar nicht sichtbar, aber er ist genauso da wie die Luft, die wir nicht sehen, aber doch spüren können. Gott ist sehr lieb und hat alle Menschen und Tiere sehr, sehr lieb, denn er hat die ganze Welt erschaffen. Er kann alles und er weiß alles.

**Jesus Christus**
Damit sich der unsichtbare Gott den Menschen zeigen konnte, ist er als Mensch mit dem Namen Jesus geboren worden. Jesus hat damals den Menschen gesagt, dass sie lieb zueinander sein sollen und nicht so viel Böses tun sollen. Weil die Menschen aber nicht auf Jesus hören wollten und auch nicht glaubten, dass er Gott ist, der als Mensch geboren wurde, haben sie ihn am Kreuz getötet. Doch weil Jesus nicht nur Mensch, sondern auch Gott war, ist er nach drei Tagen wieder lebendig geworden und lebt jetzt wieder unsichtbar. Wir können ihn zwar nicht sehen, aber er ist trotzdem da. Weil viele Menschen Jesus lieben und verehren, haben sie ihm dem Zusatznahmen Christus gegeben, was bedeutet, dass Jesus ganz wichtig für die Menschen ist.

**Es gibt nur einen Gott**
Es gibt nur einen Gott, aber die Menschen haben ihm viele Namen gegeben. Die wichtigsten Namen für Gott sind *Vater, Sohn und Heiliger Geist.*

Gott liebt alle Menschen wie ein *Vater*.

Als Jesus, der auch *Sohn* Gottes genannt wird, hat sich Gott sichtbar den Menschen gezeigt und zu ihnen gesprochen.

Der *Heilige Geist* ist die unsichtbare Kraft Gottes, mit der er den Menschen und in der Welt hilft.

### Der Himmel und das ewige Leben

Wenn ein Mensch gestorben ist, sagen wir, dass er in den Himmel kommt. Das bedeutet, dass der Mensch auf unsichtbare Weise (man sagt auch „Seele" dazu) zu Gott kommt und dort mit ihm und allen anderen Menschen, die gestorben sind, für immer lebt. Dort bei Gott gibt es keinen Tod mehr, deshalb sagt man auch ewiges Leben zu diesem Leben bei Gott im Himmel. Im Himmel gibt es auch kein Leid mehr. Denn es gibt dort nichts Böses mehr, keine Krankheiten, keine Not, keinen Kummer, Schmerz und keine Tränen.

### Die Hölle und der Teufel

Wenn jemand nichts mit Gott zu tun haben möchte und dabei noch böse ist, so kommt er nach seinem Tod in die Hölle. Das bedeutet, dass er nicht in der Nähe Gottes lebt, weil der das selbst nicht will und weil er weiterhin böse sein möchte.

Der Teufel oder auch Satan genannt ist der Böse und das Böse. So wird auch manch ein böser Mensch als Teufel oder Satan bezeichnet. Doch Gott ist viel stärker als das Böse.

### Engel

Engel sind Boten und Abgesandte Gottes, die vom Himmel, also von Gott her zu den Menschen kommen und sie beschützen oder eine Nachricht von Gott überbringen. Aber auch Menschen können manchmal als Engel bezeichnet werden, wenn sie im Namen Gottes anderen Menschen helfen.

### Prophet

Ein Prophet ist ein von Gott berufener Mensch, der in seinem Auftrag eine Botschaft verkündet.

**Weihnachten**

Zu Weihnachten wird das Fest (Hochfest) der Geburt Gottes in Jesus Christus gefeiert. Das Weihnachtfest ist also der Geburtstag Jesu Christi. Gott wurde von Maria als ein Mensch geboren mit dem Namen Jesus. Die Krippen, welche zu Weihnachten aufgestellt werden, erinnern daran und zeigen den kleinen Jesus neben Josef, seinem Ziehvater, und Maria, seiner Mutter. Aus Freude über die Geburt Christi beschenken sich die Menschen und die Kinder werden je nach Region und Land vom „Christkind, den Engeln als Helfer, dem Nikolaus oder dem Weihnachtsmann" beschenkt.

**Ostern**

Zu Ostern wird das Fest (Hochfest) der Auferstehung Jesu gefeiert. Nachdem Jesus am Kreuz gestorben war und drei Tage im Grabe lag, ist er von den Toten auferstanden. Das bedeutet, dass Jesu toter Körper verwandelt wurde in einen himmlischen Körper, mit dem Jesus sich zeigen oder auch unsichtbar machen konnte. Durch das leere Grab Jesu und seine Erscheinungen, bei denen sich Jesus öfters sichtbar mehreren Menschen zeigte, wussten seine Anhänger, dass er von den Toten auferstanden war und ewig lebt.

**Christi Himmelfahrt**

Nachdem Jesus nach seiner Auferstehung an mehreren Tagen vielen Menschen erschienen war, wurde er vor den Augen seiner Jünger unsichtbar und kam in den Himmel, wo er ewig lebt.

**Die Bibel**

Die Bibel ist ein dickes Buch, in dem vieles über Gott steht und den Erfahrungen, die der Mensch mit Gott gemacht hat. Dabei teilt sich die Bibel in zwei Teile, in das Alte und Neue Testament. Im Alten Testament stehen Erzählungen über Gott aus älterer Zeit. Das Neue Testament handelt von Jesus Christus und von den ersten Gemeinden, die sich nach seiner Auferstehung und Himmelfahrt gebildet haben.

# Das Kirchenjahr

Mit Gott durch das Jahr zu gehen bedeutet auch, am Kirchenjahr teilzunehmen um dort immer wieder seinem Heilshandeln zu begegnen und darin seine Nähe und Gegenwart zu erkennen.

Das Kirchenjahr, auch als Herrenjahr oder liturgisches Jahr bezeichnet, umfasst Sonn- und Feiertage und die Gedenktage der Heiligen. Es unterteilt sich in eine liturgische Rangfolge, bei der das **Hochfest** (z. B. Ostern und Weihnachten) das Fest mit dem höchsten liturgischen Rang ist, gefolgt von dem **Fest** (z. B. Darstellung des Herrn), dem **Gebotenen Gedenktag** (z. B. Ignatius von Loyola) und zuletzt dem **Nicht gebotenen Gedenktag** (z. B. Fabian).

Der Kreislauf im Kirchenjahr ist vom Weihnachts- und Osterfestkreis geprägt. Dazwischen liegt jeweils die Zeit im Jahreskreis. Nachfolgend sind die höchsten und einige bedeutende Feiertage des Kirchenjahres aufgeführt:

## Der Weihnachtsfestkreis:

### Advent

Das Kirchenjahr beginnt mit dem 1. Adventssonntag und das ist jener Sonntag, der dem 30. November am nächsten kommt. Der Advent (lat. Ankunft) ist die Vorbereitungszeit auf das Weihnachtsfest. Er beinhaltet 4 Adventssonntage und endet mit dem Vorabend des Weihnachtsfestes, dem „Heiligen Abend" (24. Dezember).

### Nikolaus von Myra

Am 6. Dezember ist der Gedenktag des Hl. Nikolaus, der Bischof von Myra war und 350 starb. Er wird u. a. als Schutzheiliger der Kinder verehrt. So finden vielerorts Nikolausfeiern statt, bei denen ein Nikolausdarsteller (in Bischofstracht/-ornat) zu den Kindern spricht und Süßigkeiten (Nikolaustüten) verteilt, die von den Eltern zuvor gekauft wurden. Am Vorabend des 6. Dezember stellen die Kinder ihre Nikolausstiefel auf, die dann als „Geschenk vom Nikolaus" am nächsten Morgen mit Süßigkeiten befüllt sind. Der Hl. Nikolaus ist eine historische und reale Person und darf nicht mit der fiktiven Person des Weihnachtsmannes verwechselt werden.

### Hochfest der ohne Erbsünde empfangenen Jungfrau und Gottesmutter Maria

Mit dem „Hochfest der ohne Erbsünde empfangenen Jungfrau und Gottesmutter Maria" am 8. Dezember wird daran gedacht, dass die Mutter Gottes von der Erbsünde (angeborene Sündenverflochtenheit) befreit, von ihrer Mutter empfangen wurde (Unbefleckte Empfängnis).

### Weihnachten

Weihnachten ist das Hochfest der Geburt Christi, an dem der Menschwerdung Gottes in Jesus Christus bzw. der Menschwerdung des Sohnes Gottes gedacht wird (vgl. Lk 2,1-20). Das Weihnachtsfest wird mit dem „Heiligen Abend" und dem 1. Weihnachtsfeiertag am 25. Dezember begangen, wobei dieser als Fest der Geburt Christi gilt.

Zu den weihnachtlichen und vorweihnachtlichen Brauchtümern gehören der vom 1.-24. Dezember reichende, meist mit Schokolade befüllte Adventskalender für Kinder, der Adventskranz bzw. das Adventsgesteck mit vier Kerzen, die nacheinander an jedem Adventssonntag entzündet werden und der Weihnachts- oder Christbaum (meist Fichte oder Tanne), der beispielsweise mit Christbaumkugeln und elektrischen Kerzen verziert wird, sowie auch eine Krippendarstellung mit dem Jesuskind in der Krippe nebst Maria und Josef. Ebenso dazugehörig sind das besinnliche Beisammensein und gutes Essen im Kreise der Familie wie auch die Tradition, dass sich die Familienangehörigen gegenseitig beschenken, was allerdings leider oftmals übertrieben wird. Für die Kinder heißt es dabei, dass das Christkind zusammen mit den Engeln die Geschenke bringt. Der so genannte Weihnachtsmann, der eine Erfindung der Menschen ist, kann den Kindern allenfalls als Helfer des Christkindes vermittelt werden.

Alle diese Brauchtümer verdeutlichen die Freude über die Geburt Jesu Christi. Christus der Retter ist da!

**Unschuldige Kinder**
In Erinnerung daran, dass König Herodes alle Jungen unter zwei Jahren in Bethlehem umbringen ließ, weil er hoffte dadurch auch Jesus töten zu können, wird das Fest „Unschuldige Kinder" am 28. Dezember begangen.

**Gottesmutter Maria**
Am 1. Januar wird als Gedenktag der Gottesmutter das „Hochfest der Gottesmutter Maria" begangen.

**Erscheinung des Herrn (Epiphanie)**
Das Hochfest „Erscheinung des Herrn" am 6. Januar, erinnert hauptsächlich an die Erscheinung bzw. Menschwerdung des Sohnes Gottes. Es erinnert aber auch an die Heiligen Drei Könige bzw. die Drei Weisen Kaspar, Melchior und Baltharsar, die dem neugeborenen Jesus huldigten.

**Taufe des Herrn**
Am Sonntag nach dem Hochfest „Erscheinung des Herrn" wird mit dem Fest „Taufe des Herrn" daran gedacht, dass Jesus von Johannes dem Täufer im Jordan getauft wurde (vgl. Lk 3,21). Dieser Sonntag beendet die Weihnachtszeit und ist der 1. Sonntag im Jahreskreis.

## Die Zeit im Jahreskreis:

**Darstellung des Herrn (Maria Lichtmess)**
Das Fest „Darstellung des Herrn" am 2. Februar erinnert daran, dass Maria und Josef den Knaben Jesus nach biblischer Vorschrift im Tempel darstellten, ihn also in den Tempel brachten und Gott weihten (vgl. Lk 2,21-40). Mit diesem Fest ist auch die Weihe der Kerzen verbunden und spätestens jetzt

werden die Sinnbilder der Weihnachtszeit wie die Krippe und der Christbaum entfernt.

## Hl. Blasius

Der Gedenktag des Hl. Blasius am 3. Februar ist mit dem so genannten Blasiussegen verbunden, der die hiermit einzeln gesegneten Gläubigen vor Halskrankheiten schützen soll. Zurückgeführt wird dieser Segen darauf, dass der Arzt Blasius, der später auch Bischof wurde und 316 das Martyrium durch Enthauptung erlitt, ein Kind, das eine Fischgräte verschluckt hatte, vor dem Ersticken bewahrt haben soll.

## Kathedra Petri

Am 22. Februar erinnert das Fest „Kathedra Petri" an die Übernahme des römischen Bischofstuhls (Kathedra) durch den Apostel Petrus.

## Der Osterfestkreis:

## Aschermittwoch

Mit dem Aschermittwoch, dem Mittwoch vor dem 1. Fastensonntag, beginnt die 40tägige Fastenzeit (österliche Bußzeit). In dieser Zeit sollen sich die Gläubigen durch Buße, Mäßigung und Fasten (z. B. Verzicht auf Süßwaren) auf Ostern vorbereiten. Die 40 Tage werden mit Ausnahme der Sonntage, die als Freudentage der Auferstehung gelten, gezählt
(Auch Jesus fastete 40 Tage – vgl. Lk 4,1-2).
Am Aschermittwoch wird den Gläubigen in der Messe vom Priester mit geweihter Asche ein Kreuz auf die Stirn gezeichnet als Zeichen der Bußwilligkeit und Umkehrbereitschaft, ebenso aber auch zur Erinnerung an die eigene Sterblichkeit.

## Verkündigung des Herrn

Das Hochfest „Verkündigung des Herrn" am 25. März, neun Monate vor der Geburt des Herrn erinnert daran, dass der

66

Engel der Jungfrau Maria die Geburt ihres Sohnes Jesus durch die Kraft des Heiligen Geistes ankündigte (vgl. Lk 1,26-35).

## Palmsonntag

In Erinnerung an den Einzug Jesu in Jerusalem, bei dem ihn die Menschen mit Palmen begrüßten (vgl. Joh 12,12-13), wird der Palmsonntag am Anfang der Karwoche bzw. Heiligen Woche begangen. Die Karwoche (= Trauerwoche, Klagewoche) beinhaltet das österliche Triduum – die drei österlichen Tage. Da nach altem Brauch der Tag schon mit dem Vortag anfängt, beginnen die drei österlichen Tage am Gründonnerstagabend und umfassen den Karfreitag, Karsamstag und Ostersonntag.

## Gründonnerstag

Der Gründonnerstag, dessen Bezeichnung aus dem mittelhochdeutschem Wort „greinen" (= weinen) entstanden ist, ist der Gedächtnistag des Abendmahls, welches Jesus vor seinem Leiden mit den Jüngern gehalten hat (vgl. 1Kor 11,23-26, Joh13,1-15).

Das Abendmahl ist also der Ursprung der Eucharistiefeier, die das Abendmahlsgeschehen vergegenwärtigt und dem Auftrag Jesu entspricht: „Tut dies zu meinem Gedächtnis" (Lk 22,19).

Neben anderen Zeichen der Trauer über die Todesangst, Verlassenheit und des Leidens Jesu, schweigen die Kirchenglocken bis zur Osternacht. Der Volksmund sagt, dass die Glocken am Gründonnerstag nach Rom fliegen.

## Karfreitag

Am Karfreitag (Klagefreitag) erinnern wir uns u.a. mit der Kreuzwegandacht an das Leiden und den Tod Jesu Christi am Kreuz (vgl. Joh 18,1-19,42). Besonders mit der Feier vom Leiden und Sterben des Herrn (Karfreitagsliturgie) am Nachmittag wird des Leidens und Sterbens Christi gedacht und ihm in Dankbarkeit und Liebe die Ehre erwiesen.

Denn Gott hat die Welt so sehr geliebt, dass er seinen einzigen Sohn hingab, damit jeder, der an ihn glaubt, nicht zugrunde geht, sondern das ewige Leben hat (Joh 3,16).

**Ostern**

Das Hochfest „Ostern" beginnt mit der Osterfeier in der Nacht zwischen Karsamstag und Ostersonntag. Mit dem Osterfest wird die Auferstehung Christi von den Toten gefeiert (vgl. Joh 20,1-18).

Das Osterfest ist das höchste Fest im Kirchenjahr und die 50-tägige Osterzeit dauert von Ostersonntag bis Pfingstsonntag.

Das Osterdatum steht mit dem jüdischen Passah-Fest am 14. Nisan (Frühlingsvollmond) in Verbindung, welches an den Auszug aus Ägypten (vgl. Ex 12,1-51) erinnert, so dass das Osterfest am Sonntag nach dem ersten Frühlingsvollmond gefeiert wird.

Zum österlichen Brauchtum, als Ausdruck der Freude über die Auferstehung Christi, gehört z. B., dass die Eltern für ihre Kinder Ostereier und Süßigkeiten verstecken, die diese dann suchen dürfen (offiziell hat natürlich der Osterhase die Ostereier gebracht) und das in vielen Gemeinden ein großes Osterfeuer entzündet wird.

**Weißer Sonntag**

Am ersten Sonntag nach Ostern (2. Ostersonntag), dem so genannten „Weißen Sonntag", empfangen in vielen Gemeinden die Kinder im entsprechenden Alter (ca. 9 Jahre) nach einer gewissen Zeit der Vorbereitung, die Erste Heilige Kommunion.

**Christi Himmelfahrt**

Das Hochfest „Christi Himmelfahrt" wird an einem Donnerstag, 40 Tage nach Ostern, im Gedenken an die Himmelfahrt Jesu bzw. seine Aufnahme in den Himmel gefeiert (vgl Apg 1,9-11). Im Vorfeld kann an den drei Tagen vor Christi Himmelfahrt jeweils eine Bittprozession bzw. ein Bittgottesdienst stattfinden.

**Pfingsten**

Am 50. Tag nach Ostern erinnert der Pfingstsonntag (Hochfest) an die Sendung des Hl. Geistes, den die Apostel empfingen (vgl. Apg 2,1-13).
Der Pfingstsonntag beendet die Osterzeit und die Zeit im Jahreskreis schließt sich an.


## Die Zeit im Jahreskreis:

### Dreifaltigkeitssonntag (Trinitatis)

Der „Dreifaltigkeitssonntag" (Hochfest) am Sonntag nach Pfingsten, ist der Verehrung des dreifaltigen Gottes gewidmet.

### Fronleichnam

Am Donnerstag nach Trinitatis wird durch das Hochfest „Fronleichnam" (Herrenleib), auch als „Hochfest des Leibes und Blutes Christi" bezeichnet, der Eucharistie die Ehre erwiesen. In diesem Sinne findet vielerorts eine Prozession (gottesdienstlicher Umzug) statt, bei der das Allerheiligste (konsekrierte Hostie)  in der Monstranz (Schaugefäß) mitgetragen und angebetet bzw. verehrt wird.

### Herz-Jesu

Das Hochfest „Herz-Jesu" am dritten Freitag nach Pfingsten, bezieht sich vornehmlich auf die mit dem  Herzen Jesu symbolisierte Liebe. Zur Herz-Jesu-Verehrung gehört auch jeder 1. Freitag  im Monat, der als Herz-Jesu-Freitag be-zeichnet wird.

### Mariä Heimsuchung

Das Fest „Mariä Heimsuchung" am 2. Juli erinnert an den Besuch der Jungfrau Maria bei ihrer Verwandten Elisabeth (vgl. Lk 1,39-56).

**Mariä Aufnahme in den Himmel**

Mariä Himmelfahrt bzw. „Mariä Aufnahme in den Himmel" am 15. August ist das Hochfest der leiblichen (mit Leib und Seele) Aufnahme Mariens in den Himmel. Zum Brauchtum dieses Tages gehört die so genannte Kräuter- bzw. Krautbundweihe, bei der die mitgebrachten oder zur Verfügung gestellten Kräuter gesegnet und von den Gläubigen wegen ihrer Heilbringenden Wirkung mitgenommen und aufbewahrt bzw. aufgehängt werden.

**Mariä Geburt**

Der 8. September gilt als Geburtstag der Gottesmutter Maria, deren Eltern Anna und Joachim heißen.

**Mariä Namen**

Der Gedenktag „Mariä Namen" am 12. September wurde 1683 als Dank für den Sieg vor Wien über die Türken eingeführt, welcher u. a. auf das Gebet zu Maria zurückgeführt wurde.

**Kreuzerhöhung**

Das Fest Kreuzerhöhung am 14. September erinnert daran, dass das von Kaiserin Helena im Jahre 326 aufgefundene Kreuz Jesu, am 14. September 335, in der tags zuvor geweihten Grabeskirche in Jerusalem, den Gläubigen als Siegeszeichen über den Tod gezeigt (erhöht) wurde.

**Erntedank**

Am 1. Sonntag im Oktober wird Gott mit dem „Erntedankfest" für die Ernte bzw. die lebensnotwendigen Lebensmittel gedankt.

**Allerheiligen und Allerseelen**

Allerheiligen (Hochfest) am 1. November ist der Festtag zum Gedächtnis aller Heiligen und
Allerseelen (Hochfest) am 2. November ist der Gedächtnistag aller Verstorbenen.

**Kirchweihfest**

So wie es einen Gedenktag für den Patron (Schutzheiliger) einer Kirche gibt, so hat auch jede Kirche selbst den Tag ihrer Weihe (Kirchweihtag) als Gedenktag (Kirchweihfest). In der ganzen Kirche werden die Kirchweihtage von vier römischen Kirchen gefeiert: Lateranbasilika am 9. November, St. Peter und St. Paul vor den Mauern am 18. November und Santa Maria Maggiore am 5. August. Außerdem wird in jedem Bistum der Kirchweihtag der Domkirche gefeiert.

**Hl. Martin von Tours**

Am 11. November wird gewöhnlich mit einem abendlichen Laternenumzug der Kinder an den Hl. Martin erinnert, der als römischer Offizier im Jahre 334 einem frierenden Bettler den durchtrennten Teil seines Mantels gab. Bald darauf ließ Martin sich taufen und wurde später Bischof von Tours.

**Christkönigssonntag**

Der Christkönigssonntag (Hochfest) am 34. Sonntag im Jahreskreis bzw. am Sonntag vor dem 1. Adventssonntag, erinnert an die Königsherrschaft Christi.

Der Christkönigssonntag ist der letzte Sonntag und der Samstag vor dem 1. Advent ist der letzte Tag im Kirchenjahr. Das neue Kirchenjahr beginnt wieder mit dem 1. Adventssonntag.

# Die Kirchengeschichte

Das Wirken Gottes und seine Gegenwart in der Geschichte der Menschheit, werden besonders in der Kirchengeschichte deutlich. Auch wenn die Menschen diese Geschichte durch ihre Fehler- und Sündhaftigkeit immer wieder negativ beeinflusst haben, so bleibt Gott in ihr mit seiner Liebe und seinem Wort, der Heiligen Schrift, gegenwärtig und begleitet sie.

Letztendlich gäbe es ohne das Heilshandeln Gottes in und durch Jesus Christus überhaupt keine Kirchengeschichte. Auf Gott selbst gründet somit die Geschichte der Kirche. Er ist ihr Urheber und Wegbegleiter, er bewegt und beruft immer wieder Menschen dazu, in seinem Namen Gutes zu vollbringen, ihm zu dienen und für ihn durch Wort und Tat Zeugnis abzulegen.

Nachfolgend sind einige wichtige Ereignisse und Daten der Kirchengeschichte aufgeführt:

**um 0** *Geburt Jesu*
Mit der Geburt Jesu beginnt die christlich-abendländische Zeitrechnung, deren Begründer, der Mönch Dionysius Exiguus, sich zwar um ein paar Jahre verrechnet hat, so dass die Geburt Jesu wohl in Wirklichkeit auf das Jahr 7 v. Chr. zu datieren ist, dessen Berechnungen aber dennoch allgemein anerkannt und etabliert sind.

**um 30** *Tod am Kreuz und Auferstehung Jesu.*

**um 33** *Martyrium des Stephanus*
Als erster Märtyrer stirbt (durch Steinigung) der Diakon Stephanus für den christlichen Glauben.

**33/35** *Bekehrung des Paulus*
Der Christenverfolger Saulus, der auch Paulus heißt (vgl. Apg 13,9), wird auf dem Weg nach Damaskus durch eine Christusvision bekehrt und trägt in der Folge das Evangelium

in die Völkerwelt hinaus. (Aus dem Christenverfolger Saulus wird der Völker- bzw. Heidenapostel Paulus).

**64** *Brand von Rom, Christenverfolgung unter Nero, Hinrichtung des Petrus und des Paulus in Rom (64/67).*

**70** *Zerstörung Jerusalems und des Tempels durch Titus nach jüdischem Aufstand gegen die römische Fremdherrschaft.*

**81-96** *Christenverfolgung unter Kaiser Domitian.*

**ca. 140/150-200** *Irenäus von Lyon, Bischof und Kirchenlehrer.*

**185-254** *Origenes, Theologe der Alten Kirche.*

**249-251** *Christenverfolgung unter Kaiser Decius.*

**284-305** *Christenverfolgung unter Kaiser Diokletian.*

**311** *Das „Toleranzedikt", von Kaiser Galerius erlassen, beinhaltet die Duldung der christlichen Religion.*

**313** *Mit dem von Kaiser Konstantin erlassenen „Mailänder Edikt" (Edikt = Erlass, Verordnung), wird das Toleranzedikt von Kaiser Galerius erneuert. Das „Toleranzedikt von Mailand" und die daraus folgende Entwicklung des Christentums zur Staatsreligion unter Kaiser Theodosius, wird als „Konstantinische Wende" bezeichnet.*

**325** *Konzil von Nizäa*
Das Konzil von Nizäa ist das 1. ökumenische (allgemeine, gesamtkirchliche) Konzil (Versammlung von Bischöfen), welches sich wie das Konzil von Konstantinopel und Calcedon mit dem Glaubensbekenntnis befasst.

**um 347-420** *Hieronymus, lat. Kirchenlehrer.*

**354-430** *Augustinus, Kirchenlehrer und Bischof.*

**379-395** *Durch Theodosius dem Großen, wird das Christentum zur Staatsreligion.*

**381** *Konzil von Konstantinopel (2. ökumenisches Konzil).*

**ca. 384-418** *Pelagius, brit. Mönch, als Irrlehrer verurteilt.*

**431** *Konzil von Ephesus (3. ökumenisches Konzil).*

**451** *Konzil von Calcedon (4. ökumenisches Konzil).*

**um 480-547** *Benedikt von Nursia, Ordensgründer (Benediktiner).*

**ca. 672-754** *Bonifatius, angelsächsischer Bischof, wird aufgrund seiner Germanenmission als „Apostel der Deutschen" bezeichnet.*

**ca. 714-768** *Pippin, König der Franken, Sohn Karl Martells, Vater Karls des Großen, Schutzherr der Römer (Patricius Romanorum), begründet durch die „Pippinische Schenkung" den Kirchenstaat.*

**732** *Karl Martell verhindert durch den Sieg über die Araber bei Tours und Poitiers das Vordringen des Islam.*

**747-814** *Karl der Große*
Karl der Große unterwirft und christianisiert gewaltsam die Sachsen, wird 800 in Rom vom Papst zum Kaiser gekrönt und ist Schutzherr der Römer (Patricius Romanorum) und Schutzherr der römisch-katholischen Christenheit.

**910** *Gründung der Benediktinerabtei in Cluny, von der im 11.Jh. eine Reform des Mönchtums und danach des Papsttums ausgeht.*

**936-973** *Kaiser Otto I., der Große, überträgt weltliche Herrschaftsrechte auf die Bischöfe, was zum Konflikt des Papsttums mit den Kaisern führt, die das Recht der Bischofseinsetzung beanspruchen (Investiturstreit).*

**1033-1109** *Anselm von Canterbury, Benediktiner, Erzbischof, Philosoph und Theologe, Schöpfer des ontologischen Gottesbeweises.*

**1054** *Schisma*
Als Morgenländisches Schisma (Kirchenspaltung) wird die Trennung der Ostkirche (Byzanz) von der Westkirche (Rom) bezeichnet.

**11./12. Jh.** *Investiturstreit*
Der Investiturstreit, der Streit zwischen Kirche und weltlicher Macht über das Recht, Bischöfe einzusetzen, gipfelt in der Auseinandersetzung zwischen Papst Gregor VII. und Heinrich IV. mit dem Verbot der Laieninvestitur (Einsetzung geistlicher Würdenträger durch weltliche Macht) durch Papst Gregor VII. Im Verlauf der Streitigkeiten spricht Gregor den Bann über Heinrich aus, worauf dieser 1077 mit dem Gang nach Canossa (Burg, auf der sich Papst Gregor VII. aufhielt) als Büßer, die Lösung vom Kirchenbann erwirkt.
(Der sprichwörtliche „Gang nach Canossa" gilt seither als Demütigung und Unterwerfung)
Mit dem „Wormser Konkordat" (Konkordat = Vertrag zwischen Papst und Staatsregierung) endet 1122 der Investiturstreit.

**1096-1291** *Kreuzzüge*
Die insgesamt 7 als Kreuzzüge bezeichneten Feldzüge haben die Zielsetzung, die heiligen Stätten in Palästina aus den Händen der Andersgläubigen (Moslems) zu befreien bzw. zu verteidigen oder wieder einzunehmen.

**um 1170-1221** *Dominikus, Ordensstifter (Dominikaner).*

**1181-1226** *Franz von Assisi, Ordensstifter (Franziskaner), it. Mystiker.*

**um 1200-1280** *Albertus Magnus, Dominikaner, Philosoph, Theologe, Lehrer von Thomas von Aquin.*

**um 1224-1274** *Thomas von Aquin, Dominikaner, Philosoph, Theologe und Kirchenlehrer.*

**um 1260-1328** *Meister Eckhart, Dominikaner, dt. Mystiker.*

**1265-1308** *Johannes Duns Scotus, Franziskaner, Philosoph, Theologe.*

**um 1295-1366** *Heinrich Seuse, Dominikaner, dt. Mystiker.*

**1302** *Die Bulle (Urkunde/Erlass) „Unam Sanctam" von Papst Bonifaz verdeutlicht u. a. den Herrschaftsanspruch der geistlichen Macht über die weltliche Gewalt.*

**1309-1377** *Residenz der Päpste in Avignon, auch als „Babylonisches Exil" bzw. „Babylonische Gefangenschaft" bezeichnet. (Diese Bezeichnungen haben ihren Ursprung in alttestamentlicher Zeit, denn nach der Eroberung und Zerstörung Jerusalems durch Nebukadnezar, wurden Teile des jüdischen Volkes nach Babylonien verschleppt).*

**1369-1415** *Jan Huß, tschechischer Reformator.*

**1378-1417** *Abendländisches Schisma (Papstschisma)*
Mehrere Päpste beanspruchen gleichzeitig die oberste kirchliche Gewalt. Mit dem Konstanzer Konzil (1414-1418) wird die abendländische Kirchenspaltung, das Papstschisma, beendet.

**1483-1546** *Martin Luther, dt. Reformator*
1505 Eintritt in das Erfurter Augustiner-Kloster, 1507 Priesterweihe und Studium der Theologie, 1512 Theologie-

Professor in Wittenberg, 1517 veröffentlicht Luther seine 95 Thesen (Beginn der Reformation) gegen den Ablassmissbrauch, wie ihn der Dominikaner und Prediger Tetzel mit dem Ablasshandel praktiziert, wobei die Gewährung eines Ablasses mit einem Geldopfer verbunden ist.

Die folgende Auseinandersetzung Luthers mit der Kirche und seine Weigerung zu Widerrufen, führt zum Kirchenbann sowie 1521 zur Reichsacht und schließlich zum Bruch mit der Kirche, woraus die lutherische (evangelische) Kirche hervorgeht.

Durch Kurfürst Friedrich III. findet der von der Reichsacht bedrohte Luther 1521/1522 Zuflucht auf der Wartburg, wo er das Neue Testament in die neuhochdeutsche Sprache übersetzt (1534 gesamte Bibelübersetzung).

Die Rechtfertigungslehre Luthers stützt sich auf die im Römerbrief (u. a. Röm 1,17) gewonnene Erkenntnis, dass der sündige Mensch allein durch Glauben (sola fide) und allein durch Gnade (sola gratia) gerecht und gerettet wird.

**1484-1531** *Ulrich Zwingli, schweiz. Reformator.*

**1491-1556** *Ignatius von Loyola, Gründer des Jesuitenordens.*

**1509-1564** *Johannes Calvin, frz.- schweiz. Reformator.*

**1523** *Papst Hadrian VI. legt ein Schuldbekenntnis ab und bekennt die Missstände und Schuld der Kirche.*

**1525** *Bauernkrieg*
Aufstand der mittel- und süddeutschen Bauern gegen religiöse und soziale/politische Missstände.

**1530** *Auf dem Augsburger Reichstag wird dem Kaiser die von Philipp Melanchton (Mitarbeiter Luthers) verfasste evangelische Bekenntnisschrift, die Augsburger Konfession (Confessio Augustana) überreicht.*

**1534** *Weil der Papst der Scheidung des englischen Königs von seiner Frau nicht zustimmt, löst König Heinrich VIII. die englische Kirche von Rom und gründet die anglikanische Kirche.*

**1545-1563 (mit Unterbrechungen)** *Konzil von Trient (Tridentinum)*
Das Tridentinum leitet Reformen ein und grenzt sich deutlich gegenüber dem Protestantismus[12] ab

**1555** *Augsburger Religionsfriede*
Das Luthertum wird reichsrechtlich als Konfession anerkannt. Die Untertanen müssen der Religion ihres Landesherren folgen (cuius regio, eius religio – wessen Herrschaft, dessen Religion)

**1618-1648** *Dreißigjähriger Krieg*
Religiös-politische Gegensätze zwischen Katholiken und Protestanten sind Auslöser für den „Dreißigjährigen Krieg", der mit dem Aufstand Böhmens gegen die Habsburger und dem „Prager Fenstersturz" beginnt und mit dem „Westfälischen Frieden" in Münster und Osnabrück endet.

**1623-1662** *Blaise Pascal, franz. Philosoph, Mathematiker, Physiker und Theologe.*

**1633** *Die Inquisition (lat. Untersuchung, kirchliches Gericht gegen Häretiker) zwingt Galileo Galilei, der Lehre von der Bewegung der Erde um die Sonne abzuschwören. 1992 wird Galilei rehabilitiert.*

**1646-1716** *Gottfried Wilhelm von Leibnitz, dt. Physiker, Mathematiker, Philosoph und ev. Theologe.*

---

[12]Protestantismus = aus der Reformation hervorgegangene christliche Glaubensrichtung

**18. Jh.** *Aufklärung*
Geistige Bewegung mit dem Ziel, die Vernunft zur alleinigen Richtschnur zu erheben (z .B. Immanuel Kant). Nach Kant ist „Aufklärung" der „Ausgang des Menschen aus seiner selbst verschuldeten Unmündigkeit".

**1789-1799** *Französische Revolution*
Privilegien von Adel und Klerus (Geistlichkeit) werden abgeschafft.

**1796-1838** *Johann Adam Möhler, dt. Theologe.*

**1803** *Reichsdeputationshauptschluss*
Enteignung kirchlicher Güter und Einrichtungen zur Entschädigung der dt. Fürsten, für die an Napoleon verlorenen linksrheinischen Güter. Diese Enteignung und Verweltlichung kirchlicher Güter wird auch als „Säkularisation" bezeichnet.

**1813-1865** *Adolph Kolping, dt. kath. Priester, Begründer der kath. Gesellenvereine.*

**1854** *Dogma (Lehrsatz) von der „Unbefleckten Empfängnis Mariens".*

**1869/70** *1.Vatikanisches Konzil unter Pius IX. 1846-1878*
Verkündung des Dogmas von der „Unfehlbarkeit des Papstes".
(Infolgedessen ist als Abspaltung von der kath. Kirche die altkatholische Kirche entstanden).

**1871-1879** *Kulturkampf*
Auseinandersetzung zwischen Preußischem Staat (Bismarck) und der kath. Kirche.

**1904-1984** *Karl Rahner, Theologe, Dogmatiker.*

**1907** *Pius X. verurteilt den „Modernismus" (modernes Denken in der Theologie).*

**1950** *Dogma von der leiblichen Aufnahme Mariens in den Himmel.*

**1962-1965** *2. Vatikanisches Konzil unter Papst Johannes XXIII. (1958- 1963) und Papst Paul VI. (1963-1978).*

**1978** *Papst Johannes Paul I., der „lächelnde Papst", ist nur 33 Tage im Amt und stirbt am 28.09.1978.*

**1978-2005** *Papst Johannes Paul II.*
Das verdienstvolle Pontifikat von Papst Johannes Paul II. ist u. a. geprägt von den zahlreichen Auslands- und Pastoralreisen des Papstes, von seinem unermüdlichen Einsatz für Frieden, Völkerverständigung, Menschenrechte und -würde sowie dem Dialog zwischen den Religionen. Selbst Alter und Krankheit hindern diesen Papst bis zuletzt nicht an die Erfüllung seiner Aufgaben und Pflichten. Ohne Zweifel ist Papst Johannes Paul II. eine der größten und bedeutendsten Persönlichkeiten der Kirchengeschichte.

**2005-2013** *Papst Benedikt XVI.*
Am 19. April 2005 wählt das Konklave[13] Joseph Kardinal Ratzinger zum neuen Oberhaupt der katholischen Kirche, der sich Benedikt XVI. nennt.
Mit seinem bescheidenen Wesen und seiner hohen Kompetenz führt er die Amtsgeschäfte und ist um den innerchristlichen wie interreligiösen Dialog bemüht.
Am 11. Februar 2013 erklärt Benedikt seinen Amtsverzicht zum 28. Februar aus Altersgründen und trägt seitdem die Bezeichnung Papst Emeritus (emeritierter Papst).

---

[13] Konklave = Versammlung der Kardinäle zur Papstwahl

**2013** *Papst Franziskus*
Am 13. März 2013 wird Jorge Mario Bergoglio zum Papst gewählt, der sich seither Franziskus nennt. Mit äußerster Demut und Bescheidenheit, aber auch mit deutlicher Kritik über Missstände in Kirche und Gesellschaft kennzeichnet Franziskus sein Pontifikat. Durch ihn werden am 27. April 2014 die Päpste Johannes XXIII. und Johannes Paul II. heiliggesprochen.
Die Armen dieser Welt liegen Papst Franziskus besonders am Herzen.

# Auf, lasst uns gehen!

Dem Jesus-Wort „Steht auf, wir wollen gehen!" (Mk 14,42) folgend, können wir uns in dem Bewusstsein, dass wir von Gott begleitet werden, auf unseren Weg durch das Leben begeben. Dabei sind wir gemeinsam mit unseren Mitmenschen, mit der Kirche und den Heiligen unterwegs.

Aufgrund unseres christlichen Glaubens sind wir hierbei besonders in die Pflicht genommen, Verantwortung für die Schöpfung, die Natur, unseren Nächsten, aber auch für die Tiere, unsere Mitgeschöpfe, zu übernehmen.

Damit wir angesichts des vielfältigen Leids auf Erden nicht mutlos werden, kann es hilfreich sein, den Blick auf das Kreuz zu richten, an dem Gott in Jesus Christus selbst immenses Leid erfahren hat.

Im Vertrauen auf die unendliche Liebe und Güte Gottes, der uns ins Leben gerufen und von Sünde und Tod befreit hat, gehen wir unseren Lebensweg und den Weg zu Gott.

Auf, lasst uns gehen!
– Den Weg mit Gott gehen.

# Anhang

Die wichtigsten Gebete in lateinischer Sprache :

*„Im Namen des Vaters und des Sohnes und des Heiligen Geistes. Amen.*
Lateinisch :
In nomine Patris, et Filii, et Spiritus Sancti. Amen.


*Ehre sei dem Vater und dem Sohn und dem Heiligen Geist, wie im Anfang, so auch jetzt und alle Zeit und in Ewigkeit. Amen.*
Lateinisch:
Gloria Patri et Filio et Spiritui Sancto, sicut erat in principio et nunc et semper et in saecula saeculorum. Amen.


*Vater unser im Himmel, Geheiligt werde dein Name. Dein Reich komme. Dein Wille geschehe, wie im Himmel so auf Erden. Unser tägliches Brot gib uns heute. Und vergib uns unsere Schuld, wie auch wir vergeben unsern Schuldigern. Und führe uns nicht in Versuchung, sondern erlöse uns von dem Bösen. Denn dein ist das Reich und die Kraft und die Herrlichkeit in Ewigkeit. Amen.*
Lateinisch:
Pater noster, qui es in caelis; Sanctificetur nomen tuum; adveniat regnum tuum; fiat voluntas tua, sicut in caelo, et in terra. Panem nostrum cotidianum da nobis hodie; et dimitte nobis debita nostra, sicut et nos dimittimus debitoribus nostris; et ne nos inducas in tentationem; sed libera nos a malo. Quia tuum est regnum, et potestas, et gloria in saecula. Amen.

*Ich glaube an Gott, den Vater, den Allmächtigen, den Schöpfer des Himmels und der Erde, und an Jesus Christus, seinen eingeborenen Sohn, unsern Herrn, empfangen durch den Heiligen Geist, geboren von der Jungfrau Maria, gelitten unter Pontius Pilatus, gekreuzigt, gestorben und begraben, hinabgestiegen in das Reich des Todes, am dritten Tage auferstanden von den Toten, aufgefahren in den Himmel; er sitzt zur Rechten Gottes, des allmächtigen Vaters; von dort wird er kommen, zu richten die Lebenden und die Toten. Ich glaube an den Heiligen Geist, die heilige katholische Kirche, Gemeinschaft der Heiligen, Vergebung der Sünden, Auferstehung der Toten und das ewige Leben. Amen.*

Lateinisch:

Credo in deum, patrem omnipotentem, creatorem caeli et terrae; Et in Iesum Christum, filium eius unicum, dominum nostrum, qui conceptus est de Spiritu sancto, natus ex Maria virgine, passus sub Pontio Pilato, crucifixus, mortuus et sepultus, descendit ad inferos, tertia die resurrexit a mortuis, ascendit ad caelos, sedet ad dexteram dei patris omnipotentis, inde venturus est iudicare vivos et mortuos;

Credo in Spiritum sanctum, sanctam ecclesiam catholicam, sanctorum communionem, remissionem peccatorum, carnis resurrectionem, vitam aeternam. Amen.

*Gegrüßet seist du, Maria, voll der Gnade, der Herr ist mit dir. Du bist gebenedeit unter den Frauen und gebenedeit ist die Frucht deines Leibes, Jesus. Heilige Maria, Mutter Gottes, bitte für uns Sünder jetzt und in der Stunde unseres Todes. Amen.*

Lateinisch :

Ave, Maria, gratia plena, Dominus tecum ; benedicta tu in mulieribus, et benedictus fructus  ventris tui, Jesus. Sancta Maria, Mater Dei, ora pro nobis peccatoribus nunc et in hora mortis nostrae. Amen."

## Die Tugenden

Tugenden sind sittliche Grundhaltungen, die unser Tun regeln, unsere Leidenschaften ordnen und unser Verhalten entsprechend unseres Glaubens und der Vernunft lenken.

Zu den Göttlichen Tugenden gehören: *Glaube*, *Hoffnung* und die *Liebe*

Zu den Kardinaltugenden, welche die Angelpunkte des sittlichen Lebens sind, gehören: *Klugheit*, *Gerechtigkeit*, *Tapferkeit* und die *Mäßigung*.


## Das Schuldbekenntnis

Neben dem Erkennen der Schuld gehört auch das Bekennen der Schuld vor Gott mit der Bitte um Vergebung.

In der Liturgie wird u.a. das allgemeine Schuldbekenntnis verwendet:
„Ich bekenne Gott, dem Allmächtigen, und allen Brüdern und Schwestern, dass ich Gutes unterlassen und Böses getan habe
– ich habe gesündigt in Gedanken, Worten und Werken
durch meine Schuld, durch meine Schuld, durch meine große Schuld.
Darum bitte ich die selige Jungfrau Maria, alle Engel und Heiligen und euch, Brüder und Schwestern, für mich zu beten bei Gott, unserem Herrn."


Neben anderen und frei bzw. individuell formulierten Schuldbekenntnissen bringt folgendes Gebet unsere menschliche Schwäche und Zerrissenheit besonders zum Ausdruck:
„Ich bekenne:
Herr, du kennst mich. Ich bin weder ganz gut noch ganz schlecht, weder gottlos noch gerecht. Bei mir folgt auf das Vergehen die Buße und auf die Vergebung wieder die Sünde.

Das ist nicht gut. Herr, ich hoffe auf dein Heil, obwohl ich dir nicht treu gedient habe. An einem einzigen Tag ändere ich mich tausendmal, wie ein Rad drehe ich mich unzählige Male. Mit meinem Weizen ist Unkraut vermischt, und der gute Samen wächst unter den Dornen auf dem Acker deines Knechtes. Sei barmherzig, Herr, mit meinem Wankelmut. Geh nicht ins Gericht mit meiner Unbeständigkeit. Du, der ewig Beständige, der sich nicht wandelt, du bist mir Anfang, Ende und Mitte."

# Literaturverzeichnis

Biser, Hahn, Langer: Lexikon des christlichen Glaubens, München 2003

Die Bibel, Die Heilige Schrift des Alten und Neuen Bundes, Freiburg im Breisgau 1965

Die Geschichte der Bibel, Bielefeld 1998

Friedrich Hauck, Gerhard Schwinge: Theologisches Fach- und Fremdwörterbuch, Göttingen 2002

Johannes Paul II.: Die Schwelle der Hoffnung überschreiten, Hamburg 1994

Katechismus der katholischen Kirche, München 1993

Knaurs Lexikon A-Z, München 1987

Bernhard Lang: Die Bibel, Paderborn 1994

Gerhard Ludwig Müller: Katholische Dogmatik, Freiburg 2003

Papst Johannes Paul II.: Apostolisches Schreiben „Rosarium Virginis Mariae" 16. Oktober 2002

Papst Johannes Paul II.: Enzyklika „Ecclesia de Eucharistia", 17. April 2003

Karl Rahner, Herbert Vorgrimler: Kleines Konzilskompendium, Freiburg i. Br. 1966

Joseph Ratzinger: Salz der Erde, Christentum und katholische Kirche im 21. Jahrhundert, Ein Gespräch mit Peter Seewald, München 1996

Zitierte Gebete und Bibelstellen:
Gotteslob, Stuttgart 1975 (S. 19-21, S. 32, S. 75-76, S. 369, S. 765-773, S. 719-722)

Die Bibel, Einheitsübersetzung, Altes und Neues Testament, Stuttgart 1980